JN149184

三つ子産んだら死にかけました。

お肉おいしい

ぶんか社

生後〇ヵ月

1980年代後半
のどか〜ん
東北《とうほく》のとある田舎
主婦せい子《こ》は異常に重いつわりに苦しんでいた
ずぅん…
case.1
発覚
おかしい…長男の時はこんなじゃなかったのに…
あぁ3カ月前に戻りたい…
ぐったり…
長男のり
約3カ月前
せい子は不思議な夢をみた

飼っていた愛猫のラブが
3匹の白蛇に巻きつかれて苦しむという悪夢
にゃ〜ん
ぎゅう
ぎゅう
ラブ――!!!
その夢を見た日
なんだったんだ今の夢…
うっ…
おぇ
よろ
気持ち悪《わる》…
体調不良で病院へ
すると
おめでとうございます
9週目です
えっ
やったー!!
ふたり目が欲しくてがんばっていたのでせい子は喜んだ
しかし
うっ…
どんどんつわりは重くなり
うっぐ…

今の状態に
ハァ
ハァ
つわりが重すぎて家事もできない
絶対何かおかしい！
異常だ！
毎週病院にいこう！
俺がつれてく
うう…
夫春《はる》
15週目まで毎週病院へいくが
ブーン
うーん…
異常はありません
としかいわれず
妊娠関連の本を何冊読んでも
わからず
にんしん
※当時の情報源は本と近所の人くらいからしかなかった
ハァ
情報も体力もなくてどんどん不安になっていく…
もうダメだ…
ハァ
心が折れそうになっていた頃
今度大学病院で診てもらいましょう
紹介状書くので
ハイ…
といわれる

そして診察当日
じーーー
うーん
ふたりがかりで
診てくれてるけど
何もわからない
みたいだな…
30分後
うーん
うーん
まだ
わからない
あっ
双子…!?
いや
これ
三つ子です!!
!?

※流産・早産の予防として子宮頸管を縫縮する手術

それでも母体子供両方が健康で出産が終えられるかもわかりません
子供の発育もどうなるか…
何より育てるリスクもあります経済的に厳しくなることは覚悟してください
せい子さんには上の子もいますし…
あまりにハイリスクなので不安でしたら中絶も考えたほうが…
ちゅ中絶!?
はい
全員一卵性の三つ子が無事に誕生する確率は何千万分の1ともいわれています
…
一度帰って家族で相談させてください
わかりました
一瞬の安堵《あんど》もむなしく新たな壁がせい子の前に立ちはだかる!
どうなるせい子! どうなる三つ子!!

三つ子の妊娠が発覚した
…
…
帰りの車内
本当に三つ子かなぁ…
うーん
ねっ！まだお腹も大きくないし実感ない！
ふたりとも
誤診なのでは…!?
case.2
説得
めちゃくちゃ疑っていた
本当かどうかおいといてどうするか決めないとな
三つ子はハイリスク出産です
母体にも危険が…
うん…危険らしいし周りにも相談しなきゃ
体調で心配かけたし

どっちの親に先にいく？
そっちの家で
近いし
じゃあ休みの日にいくか
うん
休日
えーーっ
三つ子を妊娠!?
すごい！おめでとう！
は…はい
やったー
孫が一気に3人も!!
でもお医者さんにはリスクが高いっていわれて…
大丈夫！
なんとかなる！たぶん！
軽っ！

生まれたら
うちも助けるから
あ
ありがとう
ございます
つつつ
じゃあまたー
思いのほか
喜んでたね…
よかった
よかった
俺もあれから
いろいろ考えた
んだけど
もし三つ子でも
産んでほしい
ここで諦めたら
一生後悔する気がする
うん
私もこれは
運命だと思って
受け入れようと思う
よし じゃあ
あとはせい子の
親だな!
うん
せい子の実家
…でリスクは
高いけど私たちは
産もうと思ってる
…
せい子
今回は
諦めなさい

え…
今回ダメでも
また子供
作れるんでしょ？
それなら次に…
でも母《かあ》さん…
そうだ！
おまえは何を
いってるんだ！
ガタッ
命をなんだと
思ってる！
だって…
せい子が
死ぬかも
しれないのに!!
喜べない!!

男にはわからね!! 子供ひとり産んで 育てるのも死ぬ目に あうのに 一気に3人なんて
せい子が苦しむに 決まってる!!
なんでせい子が こんな目に…
納得できない
私はまだ 生まれてない孫より 子供のせい子の 命のほうが大事なの!
…
私も親になったから 子供が苦しむのイヤって 気持ちはすごくわかる
でもごめん
それでも 産みたいの

…
なんで…
…母さん
本人たちももう意志が固まってるし
姉《ねえ》さんも不安だろうから俺たちが支えてあげなきゃ
…
本当に産むのね…
うん
…わかった そこまで考えてるなら
私も せい子たちを守る
こうして
ありがとう
両家の承諾を得ることができた

役所いってきた
あっ
ありがとう
はい
母子手帳
3人分
母子健康手帳
※まだつわり中
case.3
準備
おおう…
私本当に三つ子を
妊娠したんだな
役所の人
ビックリしてたよ
えっ母子手帳
あと2冊!?
えええっ
三つ子!?
だよねー
ハハハ
これからいろいろ
やらないとなあ
ハー
各実家も準備
進んでるって

俺の実家は
出産後
同居するので
家の増築
3人分の
出産 育児に
必要なものを
そろえる
をやるって
うちは
出産前
入院する予定
入院中の
私の世話
妊娠中～出産後しばらく
長男のり
の世話
今も
みててくれる
をやって
くれるって
環境的な準備は
大丈夫そうだね
あとは私の
体の準備か…
体の準備とは
大学病院に
うつりました
○○大学病院
シロッカー手術のこと

このままだと子宮が大きくなりすぎて
子宮口が開いてしまう可能性が高いので
子宮頸管《しきゅうけいかん》を外側から縛らないといけません
子宮
ココをしばる
子宮頸管
ちっ
それがシロッカー手術です
子宮口が開くと早産になり子供に危険があるので19週目に手術しましょう
この手術って多胎妊娠は絶対やるものですか?
こわい…
いえ双子までならやらない場合もありますが今回は三つ子なので…
それに
三つ子の出産は当院でははじめてで何がおこるかわからないので できる予防はしておきたいです
シロッカー手術もリスクがないわけでもないですが
なるほど…
というわけで10日間入院してください
はい
長っ
そして手術当日
入院中はずっとはり止めの点滴

うぅ…ドキドキする
せい子
では麻酔します
導尿《どうにょう》カテーテル入れます
うっ
ブスッ
めかくし
麻酔したけどちょっと痛い気がする…
では手術はじめます
でもガマンしよう…
づっ
イメージ
キュ
ギュギュギュギュギュギュ
オンギャアアアア

内臓ひっぱられる感じが超気持ち悪いし
ブルブル
やっぱ痛い
カッ
でもいい子を産むための試練…!
せい子は試練とか根性が好きだった
でも いでえええええ
げぼぉっ
あまりの痛み《は》に吐く
す…すいません
さっ
はい縫合します
あぉぉぉ
止血のガーゼ入れます
ギュギュギュギュ
うぉぉ
そして手術は終わり
リカバリー室

※面会は夫のみ許可
…大丈夫か？
み…水…
のど…カラカラ…死ぬ…
すいません水はまだ飲んじゃダメです
え―――っ
まだダメージうけ中
でも吐いたせいでノドが…
おえっ
先生の許可が下りるまでガマンしてください
そして丸一日絶食
※手術前から絶食してる
ずっと監視の人がいる↓
ゴッゴッゴッ
生き返ったぁ…！
水うめえええ
それはもううまい水を飲んで手術は無事終了した

ツラかった
シロッカー手術を
終え退院し
ぎゅぎゅー
あーっ
せい子は実家で
生活していた
最近三つ子妊娠
したの忘れそうに
なるくらい平和だわー
お腹もまだ
そんなに出てないし
case.4
管理入院
つわりも終わって
体調安定してるし
今のうち のりと遊ぼっと
のり今日は
幼稚園で何したのー?
えっとねー
あっ きょうはひとりで
きがえた!
えーすごい!

あとねーえほんできゅうきゅうしゃってくるまみた！
ママ知ってる？
ううん教えてー
ピーポーピーポーって
…のり
うんうん
なんか急にお利口になってない!?
こんなにおしゃべりに…
前 ぼ〜〜〜っ
↑あまり話せない
重いつわり
最近私が大変だったから気をつかってしっかりしたのかな…
入院(10日)
ママはー？
病院だよ
うぅ…助かるけど
ずーん
寂しい
ごめんねかまってあげれなくて
幼稚園の入園式には絶対いくからね！
ぎゅっ
わっ
えっ
?
あんた4月あたりに入院するんじゃなかったっけ？
するよーでも…

数週間前
えっ入院って絶対するんですか？
はい
多胎児の妊婦は「管理入院」っていって出産前に入院しないといけない決まりが当院ではあるんです
へぇ――
で…あの何週目くらいから入院ですか？
えーと…
せい子さんの場合ちょっと余裕みて26週目くらいですね
12週位入院かと
えっそんなに早く!?
そんな早く入院したらのりの入園式に出られない…！
4月上旬に入院…
先生そのあたりはちょっと都合が…
では27週
うっ…もうひと声！29週くらいで！
ええー…

でもなー…
大丈夫です!
私 体が丈夫ですし 家でも安静にしてますから!
お願いします 長男の入園式に出たいんです…!
うぅ～ん…
しょうがないですね… でも何かあったらすぐ入院ですよ
しぶ しぶ
ありがとうございます!
ってことで4月末あたりに入院するよ!
よかったー
えー 大丈夫なの?
大丈夫 大丈夫!
今 体調いいし!
でも のりの入園式準備からけっこう大変よ
ううん私が作ってあげたいからひとりでやる
手作りで物入れ 上ばき入れ 体操服入れ その他色んな物に名札づけ
えー
しかしこれが意外と大変で

しかもせい子は
ギリギリにならないと
やらないタイプで
4月
うわーもう
時間ない！
連日遅くまで
作業し
せっせっ
入園式前日に
やっとできたのだった
やっとできた…
ふぅ…
入園式
祝 入園式
パシャッ
何事もなく
終わってよかったー
あとは
私の入院か
そういや
入院の準備って
終わったんだっけ？
忘れてた
いろいろ
買わなきゃ!!
だっ
えぇーじゃあ
今から
買いにいこう！
入院前に
走るなよー!!
バタ
バタ
そして入院
あーギリギリだけど
間に合ってよかった
せい子さん
こちらの部屋です
ハー
ハー
本当にな…

まずお腹の張り確認しますね
ハーイ
ペタ ペタ
危険値だったら この機械が鳴ります
ガガッ
ガ
まあ 大丈夫でしょう
このまま順調に 出産して家に帰って…
ピー
あれっ
ピーッ
ピーッ
…ちょっと 先生呼んできます
くるっ
ピ
パタ パタ
…
ずーーん
切迫早産《せっぱくそうざん》に なりかけてます
えっ
明日の朝一に 周産期母子センターに 移します
えっ
しゅ…しゅうさんき…?
センターではベッドから 一歩も動かないでください
えっ
?
えーーーっ

地域《ちいき》周産期《しゅうさんき》母子《ぼし》医療《いりょう》センターとは「産科・小児科を備え※周産期に関わる比較的高度な医療行為を常時担う医療機関」
※出産前後の期間
周産期母子センター
リスクの高い妊婦や新生児が入院している
case.5
同志
せい子は急遽《きゅうきょ》そこに入院することになった
昨日まで普通だったのに…
部屋は4人部屋
せい子
そして
絶対安静です
ベッドから一歩も動かないでください
ビシッ

？
でもトイレとか
お風呂は歩かないと
いえ
それらも全部
ベッドの上で
えっ
テレビ 本は
禁止です
ラジオのみ大丈夫です
面会もご家族のみで
でもお子様はご遠慮ください
点滴は
24時間行います
何かあったら
ナースコールで
買い物も
私たちがします
私は何をして
すごせば…
歩けないし
本もテレビもだめ…
？
とにかく
安静にしててください
それくらいせいい子さん
今危険ですから！
わかってます！？
…はい

私がバタバタしたり走ったりしたからかも…
入院準備ー!!
バタ
バタ
うぅ…自業自得
とにかく無事に産むことだけ考えよう…
ハァ
じーーー
チッ チッ チッ チッ…
チッ チッ チッ チッ…
ヒマすぎる
ラジオは聞いててもいいけどそれだけじゃヒマだ…
明日の天気は…
隣の人に話しかけてみよ
こんにちはー

はじめまして
せい子っていいます
ペラ
ペラ
せい子の特技
初対面の人とでも
めっちゃ話せる
いやー実は私
三つ子妊娠してるんですけど
昨日お腹がすごい張っちゃって
入院になって…
あなたは
どうしてここに？
あ 私は
子宮の中で
赤ちゃんが
育ってくれないって
いう病気で…
もう2回位流れてて…
えぇっ
あっ私も
あたしもです
えぇー
みんな私より
大変な状況…
まぁ
そういう所だから
アハハ
すいません
ずうずうしく事情
聞いちゃって
いいんですよー

私入院する前は
誰にもいえなくて
ひとりで悩んでて…
でも今同じ悩みの
人たちとグチとか
話せてちょっと気が楽です
……
そういえば
私も…
あらっ
2人目《ふたり》?
近所の人
はい
本当は
2・3・4人目だけど
家族以外に三つ子
妊娠してるっていえなくて
ツラかったな…
万が一があった時
危険って
わかってて
産むかねー
ヒソ
ねー
ヒソ
周りにいろいろ
いわれたくなくて
被害妄想
かもしれないけど
わい
わい
でもいいなー
三つ子ちゃん
いやー
大変そうですけど
無事に
生まれるといいねー
つっ
私…もう…
アハハ…
ひとりじゃない…
ウフフ…

ここに入院するって
いわれた時は
どうなるかと思ったけど
アハハ
友達できそうで
よかったなー
入院生活
どうにかなりそう
しかし
ほかの人いるのに
トイレするの
恥ずかしい！
音が!!
においが!!
カーテンは
しめれるけど
髪洗いたい！
下半身用↓
上半身用↓
でもタオルで
体ふくことしか
許されない！
歯磨きの時
水コップ1杯分しか
もらえない！
なぜ!?
もう一杯下さい…
ダメです
もっと口
ゆすぎたい…!!
夜中
ぐー
いだいっー！
あおあー
ビクゥッ
となりが
陣痛予備室
いたい
いたい
あー
うう
これは…
思ったより…
大変…!?
ねれない…

緊急入院したせい子
ぼー
毎日寝るしかない日々を送っていたら
入院前は普通だったお腹が
フツウの妊婦位
倍以上に膨らんだ
case.6
陣痛
ボンッ
わーお
もうデカすぎてあおむけで寝れない
三つ子が入ってるって感じになったな
みまいにきた夫
ところでどうだ入院生活なれたか？
…どうもこうも

毎日先生たちが
子供の心音と体重と
頭の大きさチェックして
じっ
よし…問題なし！
えっじゃあ退院!?
いえここには
入っててもらいます
えぇぇぇぇぇぇぇぇぇぇ
ガッカリ…
イヤだー普通の
病院に移りたい！
歩きたい！
ジタ
バタ
ベッドから脚を
おろしただけで
怒られるのはもうイヤだー！
せい子さん!!
そー…
ガマンしてください
子供のために
って感じよ…
…
見て…歩かないから
脚ほっそくなったよ…

面会時間終了です
あっじゃあ
また明日くるから
うん…
夫は毎日お見舞いきてくれるけど
ママー
子供は面会禁止
※カゼ等もってくる可能性があるため
のりはここきちゃダメだから会えない…
のりに会いたい…
ハァ…
そして夜は
しく
しく
入院生活に不満と不安がたまっているせいか
あ゛ー
毎晩隣の陣痛予備室から聞こえてくる叫び
うぅ
うぅ
部屋のみんなが泣いていた
しく
しく
こういう時はひとりひとりが泣いてる理由を話した
田中《たなか》さんはどうして？
私は…
こんなに毎日ツラいのに…
うっ
うっ
またダメになるんじゃないかって不安で…

わかる…
わかる…
せい子さんは？
私も…今までがんばったのに
万が一のことがあったら
どうしよう…とか
うぅぅ…
大丈夫だったとしても
全員健康に生まれるかな…
とか考えると怖くて…
あとお腹どんどん
出てきて怖い…
ちゃんと戻るかなコレ
すごいよね…
大丈夫だよ
たぶん…
うぅ…みんな
がんばろう…
うん…
こんな夜を
すごして
数週間後
せい子さん！
3人とも体重が
2千gこえました！
これでひとまず
いつ生まれても
大丈夫です！
えっ
ということは…
近日に
シロッカー手術の
抜糸《ばっし》をしましょう！
つ…ついに

抜糸当日
ツキン…
なんかちょっとお腹痛いな…
ではじめます
抜糸中…
はい終わりましたよー
これで産む準備ができたのか…!
よし! 心の準備をしておこ…
ズキン
ズキンッ
ズキンッ
ん?
あの…すいません…
はい?
なんか…陣痛みたいなのがきてるんですけど…
ええ――――っ!?
たしかに陣痛ですか!?
はい…長男の時と痛みが同じです

ではレントゲン室へ！
急いでレントゲンの準備!!
はい
えっ？
自然分娩《しぜんぶんべん》できるかレントゲンで診てみます！
ガラ
ガラ
えっ!?
でも帝王切開《ていおうせっかい》の予定じゃ…
バン
ではレントゲンとります！
よし！これはいい！
集まってきた先生達
わい
わい
いけますね！
せい子さん！自然分娩でいきましょう！
はい――――!?

陣痛がはじまったので夫が呼ばれ
医者から「自然分娩で進める」と伝えられた
あの…でもさすがに三つ子だし
不安なので
予定どおり帝王切開がいいんですが…
いえ絶対大丈夫です！
なので自然分娩でいきましょう！
ええ…
case.7
出産
…そこまでいうなら
うん
な？
では分娩台に乗ってください
が生まれず
ゔ〜ん
うーんじゃあ1回部屋に戻りましょう
はい…
うぅ

せい子さん今までは安静でしたけど…
今はむしろ動いてください!
はい
久しぶりの大地…
ドン
ってうわーーー
お腹で足元が全然見えない
怖い! 怖くて歩けない!
足も細くなって歩きづらい
せい子さんがんばって!
プル
プル
そんなこんなで6時間たっても生まれず
歩くたび腹ゆれる
イテテ
次の日朝
はーい
シュッ
うっ…
カチッ
ナースコール
す…すいませんなんかすごいイキみたいんですけど
あっ大変!
赤ちゃんの頭が出てます!
分娩室にいきましょう!
ズキン
ズキン
やっぱり…
ハイ…

ピンポンパンポーン♪
ガラガラ
うぐぐ…
?
三つ子ちゃんの出産がはじまります
見学したい先生は分娩室へ
え!?
分娩室
ざわ
ガヤ
ざわ
ガヤ
人多《おお》ーーー!!

えっもしかして
みんなに見せるために
自然分娩になったの?
な…なんか
いいたい…でも…
腹の痛みで
それどころじゃない!
ざゎ
イダダダ
ざゎ
せい子さん
イキんで!
んーーーっ!
いいですよ
そのまま!
にゅ…
ふぎゃあ
ほぎゃあ
生まれたー!
ひとり目が生まれた!
じゃあ次はふたり目…
あっ!
エコーで
診ながら出産
奥の子の心拍数が
下がってる!
ざわ
ざわ
大変だ! 奥の子を
先に出さないと!

※逆子（骨盤位）出産時の産道での臍帯血流《さいたいけつりゅう》の遮断を最短時間にするために、胎児の体幹が降りてきたらつかんで動かしながら速やかに分娩させる施術

せい子さん！ みんな無事に生まれましたよ！
今は保育器に入りました！
ハーハー
よ…よかった…
し…
ハァ
死ぬかと思った…
ハァ
せい子やったな！
がんばったな！
う…うん
何か食べたい物はあるか？
あじゃあ○○ホテルのケーキ…
わかった
急いで買ってくる！
だっ
これでやっと終わったのか…
先生たちも大体《だいたい》帰ったな
いるの2人位か
ふー
おわったおわった
あとは後産《あとざん》…
ドバッ
ん？

せい子さん!?
せい子さん しっかり！
ガク ガク
ブシュ
どぱっ
case.8
緊急事態
出血が止まらない！
ガク ガク
ブル ブル
早くほかの先生も呼んできて！
せい子さん！聞こえてますか!?
い…意識が遠のく…
あっ お義父《とう》さん お義母《かあ》さん
生まれたの？
はい無事に

でも今3人とも保育器に入ってます
なのでまだ会えないです…
せい子は？
あらそうなの…
後産の処置中です
じゃあ終わるまで下の食堂でごはん食べてましょ
そうですね
分娩室
バタ
電気毛布もっと持ってきて！
ガク
ガク
せい子さん寝ちゃダメよ！
バタ
血がいっぱい出るとこんなに寒いんだ…
震えも止まらない…
ブル
ブル
輸血します！
プスッ
せい子さんもう大丈夫だからね！
5分後
えぇっ!?

パ
ン
せい子さんの顔がパンパンに！
輸血の血が合ってない！中止して！
はい
目が開けられない…
せい子さんの寝ちゃダメ！死ぬよ！
たし
たし
何かしゃべって！
な…何か…？
そうだ…子供たちの性別は？
性別!?誰か知ってる？
いえ
ごめん！バタバタして誰も見てなかったわ！
見てくるね！
だっ
ざっ
全員女の子だったわ！
ハァ
ハァ
なるほど

分娩室外
えぇっ!!
はい…骨盤位牽出術を行ったせいか出血がヒドく…
自然分娩でも平気っていったのに
全然大丈夫じゃないじゃないか
わぁ
わぁ
たたっ
あの…その分娩着せい子のですか?
はい
血がすごかったので着替えました
…
ぞっ
え…あんなに血が出るの…!?
しかも今も止まってないって
だったらせい子はもう…
うわあああ
やっぱり三つ子産むの許すんじゃなかった!!

…お母さんの泣き声と夫の怒鳴《どな》り声が聞こえる
うわあああ
私ここで死ぬのかな…
子供たちを残して…
せっかくがんばったのに…
三つ子たちの顔もあんまり見てない…
のりもしばらく会ってなかったのに
死ぬんだ…
せい子さん！血圧だいぶ安定してきましたよ！
もう少しがんばって！
…でも…すごいねむい…
ダメ！おきて！
……むり…
すぅ…

…あれ？
せい子！
よかった
目が覚めて…
もうダメかと
思ったわよ！
ぐすっ
私もダメかと
思った…
生きてた…
せい子！
医者も
もうダメかと
思ったらしいけど…
すごいな
おまえは
せい子の体力と運が
いいおかげで
助かったって…
そうなんだ…
じわっ
…
い…生きてて
よかったぁ〜
うわぁあん
これで
子供に会える〜
本当にな…

妊娠中も
出産も大変
だったけど…
産んだら全部
楽になりました！
…てなると
思ったのに…
case.9
ダメージ
全っ然
楽にならない
ジン
イキみすぎて
顔と手足がまだ痛い
体にダメージ
大きすぎてまだ動けず
ジン
お腹の外も中も痛い
お腹が…お腹の中に
火があるみたいに痛熱い～
うあぁあぁ
たぶん子宮が収縮してるから
痛いんだろうねぇ
でも長男の時は
こんなに
痛くなかったですよ…
3人入ってる
パン
パン
子宮
いなくなった
ギュンッ
イメ～ジ
いやー3人入ってたから
ひとりの時より反動大きいんだよ

※NICU＝新生児集中治療室

早く赤ちゃん見たいけど…
今の体じゃお世話する力がない…
うっ
ズキッ
胸が…木魚みたいに硬い…
カチカチ…
あらら
体が回復してきてお乳が張ってきたんですね
じゃあ私がしぼって赤ちゃんに持っていきますから
ハイ…
初乳あげるのも近くにいれない…
うーん…
でもこの体だししょうがないか…
しかし出産して3日目
せい子さんそろそろ一般病棟に移りましょう
今まで周産期母子にいたけど
えっ
まだ回復してない…
あと三女ちゃんも連れてきました
三女ちゃんはもう大丈夫なので
えっ
ガラガラ

赤ちゃんに会えたのはうれしいけど…
今の体じゃ24時間みるのキツい!
まだ痛む腹
ズキ
ズキ
移動は車イス
体力が常にギリギリ状態
でもそのうち体回復するかもしれないし大丈夫かな?
ママだよー
おっぱいあげて
ちゅっ
ちゅっ
おむつ交換
ふにゃあぁ
ハイハイ
あと抱っこして泣きやましたり
これを3時間ごとにやるので
まったく寝れないから体力回復しねえ
あれっもう赤ちゃんいるの!?
うん…
昨日から…
みまいにきた母

どう見てもまだ24時間面倒みれないのに!
母怒る
昼は私が手伝うから
よし よし
かわいいね
ありがとう 母さん…
その日から母が朝一にきて消灯まで手伝ってくれ
ふにゃぁあぁ
よし よし
なんとか三女の世話はできた
でもひとりでもこんなに大変なのに…
ハァ ハァ
これから3人になるの!?
常にギリギリ…
うん…
ほかふたりはできるだけ長くNICUにいてほしい…!
あまりのツラさにそう思わずにはいられなかった
3人同時の育児は大変なのは覚悟してたけど…
ハーー…
立つのもつらい
自分の体がこうなるとは思ってなかった…

もっと健康で長男の時と同じ体力でいれると思ってたから
産後もそれなりに元気
よし
よし
まぁなんとかなるだろうって思ってた…
体力には自信あり
でも無理なんともならない
ふにゃあぁあ
しかし1週間後
せい子さーん
ガラ
ガラ
ピコン
HP
ピコン
長女ちゃんも出てこれましたよー
特に異常なしです
…せい子
…うん…聞いてみる…
えっ夜だけ赤ちゃん預かってほしい？
いいですよ
あっさり
受付
ガラ
ガラ
ではふたりともお預かりしますね
最初からこうすればよかった…
頭まわらなかった

一時期は大変だったが少し落ち着いてきた
昼は母がみてくれる
よし よし
夜はかんごしさんに
おあずかりしまーす
カラ カラ
が
…寝れない
case.10
退院
母乳が出すぎて寝れなーい!!
タオルびしょびしょで気持ち悪い!!
ぐっしょり…
子供の姿見てから母乳の量がすごいことに…
最初は母乳全然出なかったのに
ちくちくさい…
新しいタオル
母乳パッドではムリなのでバスタオルを上におく
長男の時の倍以上の量だ…さすが3人分
はぁ
はぁ
うーん…
出てると体熱くて気持ち悪い…

※母乳はねてる時もでる

せい子さん
おはよう
ございまーす
シャッ
うっ…熱で
朦朧《もうろう》としてるうちに
朝になってしまった
赤ちゃんに
おっぱい
あげましょうね
ハイ
まず長女から
ちゅ…
ブシャアア
長女ちゃんが
溺れ死んじゃう!
搾乳器《さくにゅうき》で
とってから
あげましょうか
ハイ
出ればいいって
もんじゃないのか
でも赤ちゃんに
あげても母乳は
出つづけた
出さないと体に
悪いから搾乳器に
出しましょう
ハイ
搾乳器じゃ
間に合わない!
もう直接この
ボウルに出して!
本当に出つづけた
毎回ボウル
5杯分は捨てた
せい子さん
5つ子も
育てられる量ね!!
アハハ
そんなに…

そして母乳が出て
1週間後
せい子さん…
乳腺炎《にゅうせんえん》に
なりかけてます
ええっ
母乳の出すぎで
せい子さんの体にも
負担が大きいです
薬で母乳を
止めるのも
考えたほうが…
次女
ちゅ
ちゅっ
でも…次女もやっと
NICUから出てきたから母乳
たくさんあげたいんです
その薬って1回
飲むと本当に出なく
なるんですよね?
ハイ
ちゅ
じゃあもう少し
がんばりたいです
うーん…
ちゅっ
わかりました
なんとか熱だけでも
下げるように
しましょう
薬は
使えないので
わきに
コレ挟んで下さい
熱があるうちは
シャワーもお風呂も
禁止です
アイス●ン
ちなみに人工乳だと
デメリットあるんですか?
赤ちゃんの
成長おくれる…
とか
赤ちゃんの成長には
問題ありません
…が
お金がすごい
かかります
人工乳代
+
哺乳瓶代
+
消毒液代
×
3人分
せい子さんの
場合3人分ですし
た…たしかに

でもメリットもあります
人工乳のほうが腹持ちがいいので赤ちゃんが寝る時間が増えたり
でもしばらく母乳でやってみます
うーん…
わかりました
ムリになったらいつでも言って下さい
母乳のほうがいい気がするしがんばらなきゃ
やっと全員におっぱいあげれた…
スャ
スャ
しかし体調は悪化する一方
おっぱいカッチカチ！
イテテテテ
熱40℃！
夫もまじえて相談
金でどうにかなるなら薬飲んだほうがいい
このままだとせい子さんの体がもちません
…薬飲みます
たしかに今のままじゃ私が死ぬ…
ハイ
こうして母乳は出て2週間で薬で止めることに
3日後
あれ？
なんか久しぶりに体調いい！
スッキリ！

ボロボロだった体がどんどん回復してる！
顔色もいい！
夜よくねれてるから？
よかったわねー
もっと早く薬飲めばよかったかも…
母乳にこだわらず
自分が元気なおかげか子供の世話も楽だ
よし よし
人工乳にしてから前より1時間長く寝てくれるし
スヤ スヤ
余裕できて隣の人とも友達になれたし
毎日一緒にアイス買いにいく
健康ってすばらしい…！
じ〜ん…
そして
せい子さんそろそろ退院してもよさそうですね
えっ やった！
ついにー！
三つ子ちゃんたちの検査もひととおり終わりましたし

せい子さんにも三つ子ちゃんにも異常ありませんから
来月頭には退院しましょう!
長い間お疲れさまでした
いえ こちらこそ
病院にきて3カ月…やっと家に帰れる…!
動けない
自然分娩
体力が…
退院日
○○大学病院
みんな元気でねー
わい
あーもう抱っこできないのね
わい
先生も看護師さんたちも全員きてる…祭りか!?
急に自然分娩にされたり昼間に質問責めにされたりしたけど…
多胎児の自然妊娠について調べてるので色々きかせて下さい
なんだかんだいろいろしてもらってよかった…
…
いや…自然分娩にされたのは今でもちょっと納得してない
実験だったのか!?
出産後

せい子の日記 Q&A 〜妊娠&出産編〜

Q. 三つ子を妊娠したことを知った時の最初の感想は？

これ三つ子です!!
!?

A. 信じられなかったです。

医者にも「なんで私が？」といってしまいました。

産めるのか育てられるのかと不安で仕方なかったです。

今でも自分が三つ子を産んだのが信じられません。

Q. 三つ子がお腹に入っているのは、ひとりだった長男の妊娠の時とどう違いましたか？

今の状態に
ハァ
ハァ
つわりが重すぎて家事もできない

A. ダメージがすごかったです。

つわりも重くて異常だと思ったので、毎週病院で検査してもらっていました。

お腹が大きくなってからは胎動がくるたびに気持ち悪くなって吐いてました。

Q. 三つ子の妊娠中に困ったことは？

A. 2カ月の管理入院が一番大変でした。

絶対安静でベッドから一歩も動いちゃいけないといわれ監獄にいる気分に。

テレビも読書も禁止で何もできずヒマでしょうがなかったです。

トイレもベッドの上でしないといけないのが一番ツラかったことですね。

入院中は長男のことが心配で眠れなかったこともありました。

テレビ 本は禁止です
ラジオのみ大丈夫です
面会もご家族のみで
でもお子様はご遠慮ください
点滴は24時間行います

Q．長男には三つ子についてなんと説明していましたか？

あっ きょうはひとりで きがえた！
えーすごい！

A．とくに説明しませんでした。本人は兄になることにはりきっていて、妹が生まれるのを楽しみにしていました。

三つ子が生まれてからは「妹は3人生まれるもの」と思い込んでて、妹がいる友達の妹人数がひとりなのを見て不思議がっていたのがおもしろかったです。

Q．入院中は何を心の支えにしていましたか？

A．好きな音楽を聞いて（音楽だけは許されていた）、できるだけストレスをためないようにしていました。

三つ子全員が健康に生まれてくれるのかが心配だったので、毎日の検査のたびに「3人とも順調に育ってる。丈夫な子供だよ」と先生にいわれるのがうれしかったです。

毎日先生たちが 子供の心音と体重と 頭の大きさチェックして
じっ

それと1日1回くる看護学校の生徒さんに売店で餅入りのどら焼きを買ってきてもらって、毎日食べていました。親には果物を差し入れてもらっていました。

食べることと音楽が主な心の支えでした。

Q．入院中同室だった人たちは、その後どうなったのですか？

A．みんな無事に子供が生まれて、今でも年賀状で近況をいい合っています。

私…もう…
アハハ…
ひとりじゃない…
ウフフ…

Q.三つ子出産でびっくりしたことはありますか？

A.陣痛がひとりずつあるのにびっくりしました。
産むたびに痛みがきて苦しかったです。

Q.生まれた三つ子の体重は？

A.長女 ２２００g
次女 ２１５４g
三女 ２６５４g

Q.出産で死にかけたことに対しては、今どう思っていますか？

A.自然分娩で産むことになったのは「なんで？」と思ってましたし、夫とも今でも「なんであの時自然分娩だったんだろうね」と話します。
でも三つ子が無事に育っていろんな経験ができた今の状況に感謝しています。

Q.出産後、一番幸せだったことは？

A.管理入院中はトイレもベッドの上だったので、歩いて自由にトイレにいけたのが感動しました。2カ月ぶりのシャワーは人生で一番気持ちよかったです。
今でも忘れられません。

三つ子産んだら死にかけました。

退院日は夫と義両親が迎えにきてくれた
この日のために作ったんだ
義父
三つ子用ベビーシート
case.11
帰宅
あと車も大きいの会社から借りてきた
すごい
三つ子はこの車に乗せておまえたちはべつの車できなさい
ブ〜ン
義父、義母
三つ子がのる
せい子
夫
こんな風に
はい
あれ？乗せると泣く…
ふえ〜
ふえええ〜
泣きやみませんね…

えぇぇしん
えしん
ふぇぇぇ
…
結局ひとりずつ抱っこしていった
お義父さんなんかすいません…
※チャイルドシートの義務化は2000年4月から
家到着
キキッ
ママー!!
ただいまー!
おかえり!
ニコニコ
のり久しぶりに私が家に帰ってきてうれしそう
入院中1回だけお見舞いきたけど…
のりー!
…
…かえる
えっ
ぼくかえる
病院と私の疲れっぷりにビビってすぐ帰ったもんなぁ…
のり!!
ピューーッ
出産後一般病棟に移った時

赤ちゃんの部屋こっちだよ！
フフッ
今は兄貴風《かぜ》ふかせて
三つ子部屋
ベビーベッド3つに…ん？
あれは？
長女
次女
三女
あれ使ってみんなどれくらいミルク飲んだか管理するんだ
管理？
これから俺 ばあさん せい子さん3人交代で世話するだろ？
例
長女
8:00 120cc おむつ(大)
次女
8:05 100cc おむつ(小)
三女
8:10 130 おむ
前の人がどのくらいミルクあげたか知ったほうがいいと思って
たしかに3人で世話してるとちゃんとミルク飲んだかわかんなくなりそうですね
そうだろう
ドヤァ
直接聞いたり話したりする余裕もなくなりそうだし…
これから
たしかに…
あと3人の見分け方わかるか？
あっそうか
一応伝えたほうがいいですね
私はみればわかるけど

長女は特徴なくて平均的で
次女はほかふたりより小さくて右腕にアザ
三女は一番体が大きいです
どんっ
うぅ～ん
わかります?
ビミョーなちがい…
私はわかるわー
まぁそのうち見慣れるだろ!
ハッハッハ
間違ったらすまん!
そこは気をつけてください
せい子ミルクここに置いとくぞ
ドッサリ
A社ミルク
B社
うわすごい量!
そうなんですよ
人工乳で育てるって決めた数日後に
ザッ
おめでとうございます!
ん?!

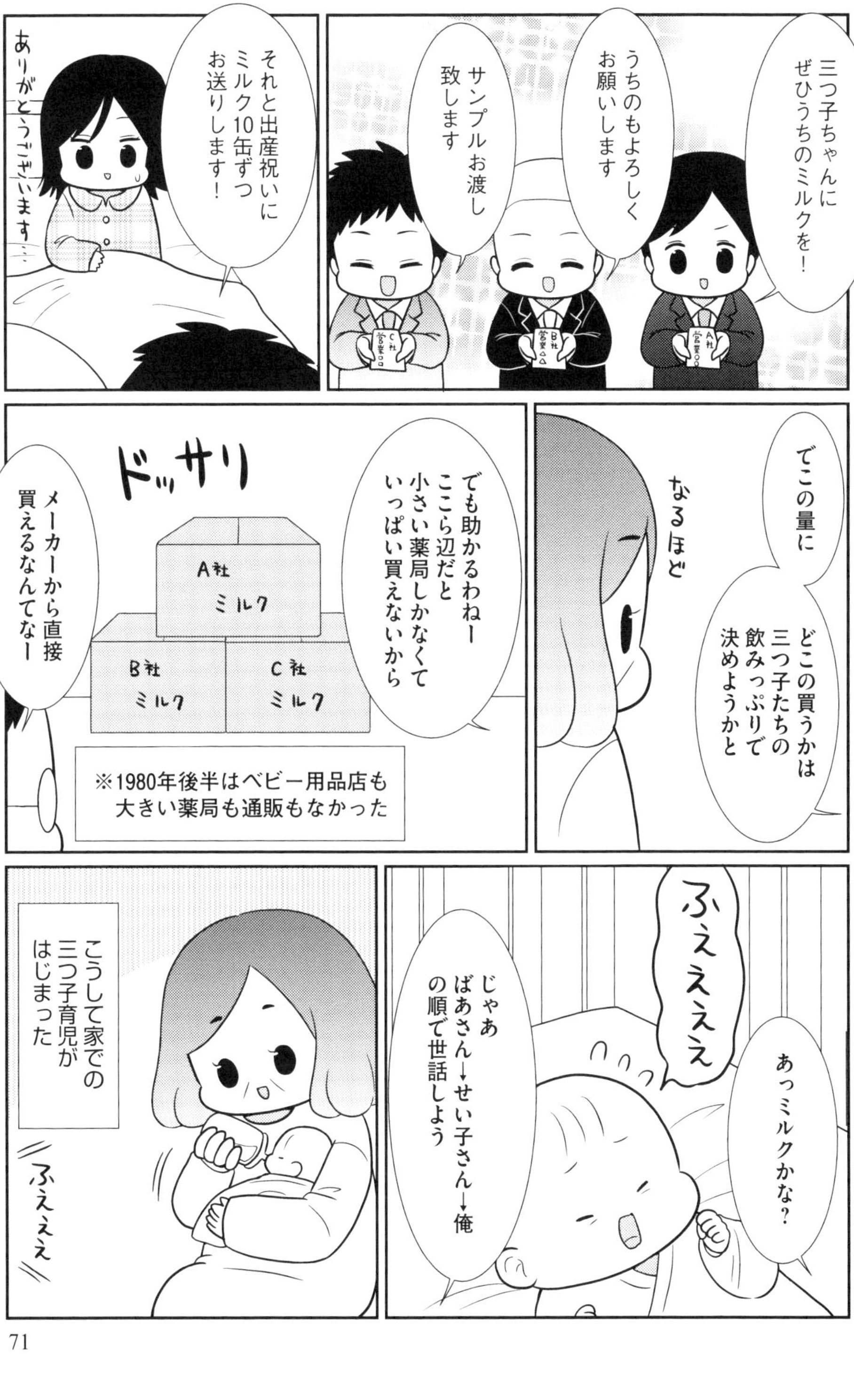
三つ子ちゃんに ぜひうちのミルクを！
うちのもよろしく お願いします
サンプルお渡し 致します
A社 営業○○
B社 営業△△
C社 営業□□
それと出産祝いに ミルク10缶ずつ お送りします！
ありがとうございます…
でこの量に
なるほど
どこの買うかは 三つ子たちの 飲みっぷりで 決めようかと
でも助かるわねー ここら辺だと 小さい薬局しかなくて いっぱい買えないから
ドッサリ
メーカーから直接 買えるなんてなー
A社 ミルク
B社 ミルク
C社 ミルク
※1980年後半はベビー用品店も 大きい薬局も通販もなかった
ふえええええ
あっミルクかな？
じゃあ ばあさん→せい子さん→俺 の順で世話しよう
こうして家での 三つ子育児が はじまった
ふえええ

1日目はまだ
余裕で終了
ぐったり…
でもつかれた…
次の日夕方
ねーママ
ん？
きょうねー幼稚園で妹がきたって話したんだけど
お兄ちゃんになったんだよ！
ヒロシくんの家は妹ひとりしかいないんだって
3人もいるの？オレんちは妹1人だよ
えぇっ
妹って3人うまれるんじゃないの!?
なんでヒロシくんちは1人なの!?
え…えーと…
まさかそういう認識になるとは…
ねーなんで??

フギャーーッ
あ 私の番だ
えーと…前は お義母さんが やってくれたのか
長女
次女
今日次女あんまり ミルク飲んでないな
あっ三女も泣き声で 起きちゃった
ふぎゃあああ
えーん
case.12
限界
手伝うよ
あっ
ありがとう ございます
昼は同時に泣くと 誰かきてくれるけど
よし よし
夜は…

夜
ああっヤバイ
ふえっ
えーん
ひとり寝かせても
ほかひとりが泣くと
起きちゃう…
えええええん
寝かしつけても
寝かしつけても
終わらない…
ミルクも同時に
あげれないし…
えーん
えええん
ふえぇ
でも義両親と夫に
深夜まで手伝わせる
わけにも…
せい子さんあのね
あっそうだ
赤ちゃんに同時にミルクを
あげるにはタオルを
こうして…こうすればいいから
さっさっ
へー
あの時教えて
もらったコレだ!
ちゅっ
ちゅっ
タオルで
哺乳瓶《ほにゅうびん》の
角度を調整

※万が一がないように目は離さない
じーーーっ
ちゅっちゅっ
で おむつがえ…
あ うんちしてる
あっまたミルクの時間…
朝
チュンチュン
2時間くらいしか寝れてない…
無限ループだった…
そして朝は長男の幼稚園送りするので寝れない
ママじゃないとやだ!!
びええええ
赤ちゃん返り中
ハァ…
お兄ちゃんおばあちゃんと行こ
昼も家事をやらないといけないので寝れない
主に布おむつの洗たく
すごい多い…
※80年代後半紙オムツは高かった
1カ月後
ぼーー
ポチャポチャ

せい子ミルク さましすぎ じゃないか？
えっあっ…
ホントだ
……
あーまたやっちゃった
そろそろせい子が 限界だから
人を雇って子供の 世話を頼むしか ないと思う
あと家事も
ええっでも他人に 子供を任せるなんて…
そうよ それに 誰に頼むの!?
実は…
うちに三つ子が 生まれて毎日大変だって 隣町まで伝わってて
それで俺に家政婦の 紹介がすごいくるんだ
こういう人が いるけどどう？
父さんも母さんも 疲れてきてるし… 俺も仕事で手伝えないし
子供4人フロに 入れるのに 2時間かかる
ううう もうムリ
紹介して もらったほうが いいと思う
うーん…
毎日23時帰り

いやでも
やっぱり反対だ！
人に任せるなんてコワイ！
なら俺がひとり
夜預かる!!
ばあさんと2人でみる！
えー…
大丈夫か？
いいから
この話はもう
終わりだ！
その夜
よしよし
ミルク飲もうな
ゴキッ
義父 腰を
痛めて入院
あああああ
ああ
もう家政婦さん
雇うしかないな
1人欠けてしまった…
しょうがないね…
じゃあ
紹介してもらった人
テキトーに…
いやダメよ!!

家に入れるんだから ちゃんと会ってみて 審査しないと
変な人だったら どうするの！
たしかに
じゃあ面接しないと 誰がやる？
私とひいおばあちゃんで やるわ
ん？
腰が悪いので 洗たくしか 手伝えない↓
せい子さんは 疲れて面接 どころじゃないし
あー……
わかった手配しとく
そして2～3人面接した結果
松田《まつだ》さん(仮名)という 家政婦さんがくることになった
50歳くらい
時間が 自由に使える
息子をひとり育て 成人させた
よろしく おねがいします
私が知らないうちに そんな話が進んでたんですね
へー
ちゃんとした人 えらんどいたから それに…
うちのダンナとも息子とも 不倫しなそうな人だから 安心して！
ヒソ
ヒソ
そういうところも 見てたのか
どうなる!? 家政婦との生活!!

家政婦さんいつから
きてもらうんですか?
首が座ってたほうがいいし
お食《く》い初《ぞ》めのあとね
そうですねー
その日まで
がんばらなきゃ…!
お食い初めの日
なんとかこの日まで
これた…
case.13
家政婦
きゃー本当にソックリ
わい
わい
かわいいわねぇ
近所の人たち
こんなに
見物が!?
ガヤ
ガヤ
まぁ田舎だしうちもう
近所で有名だからね

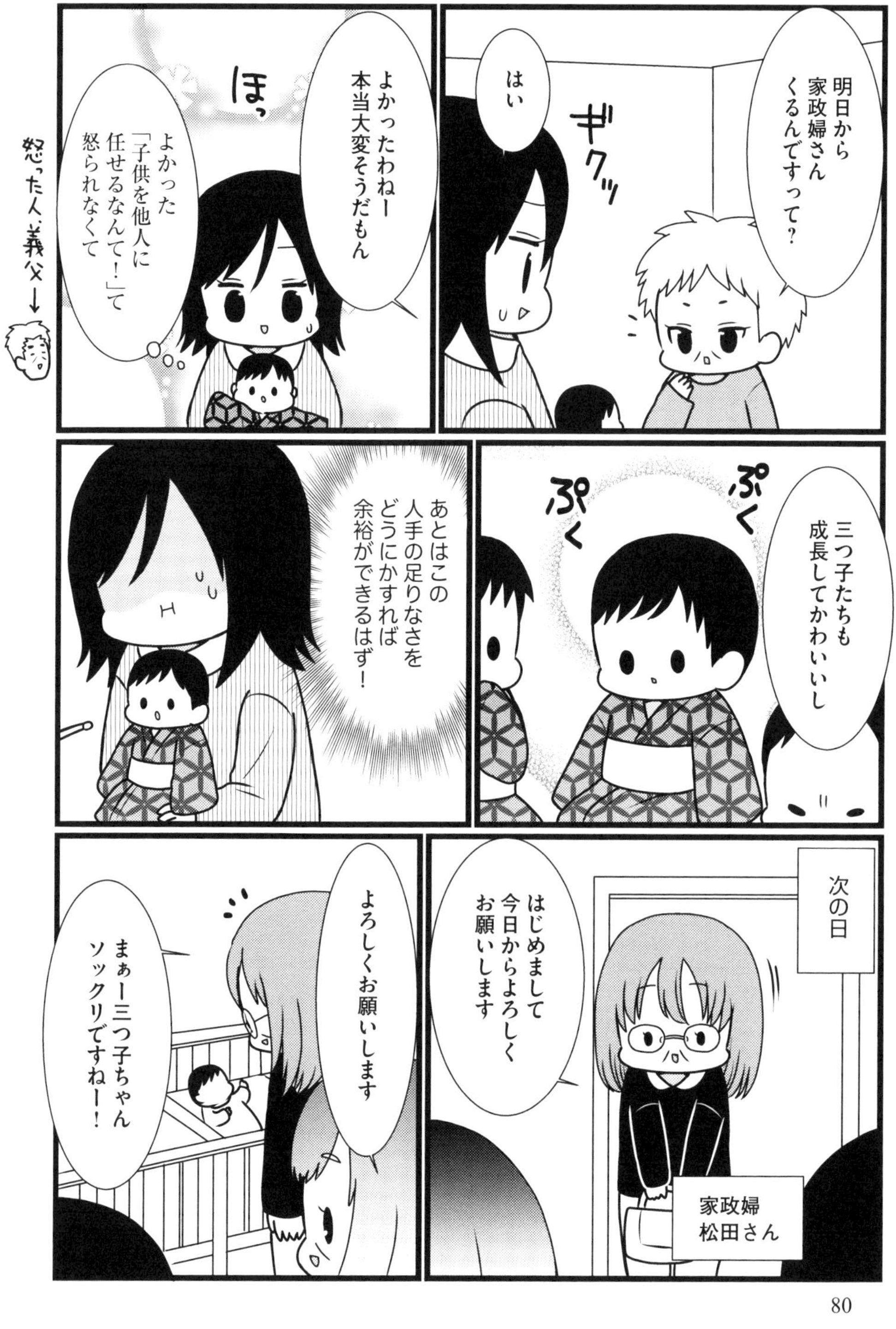
明日から
家政婦さん
くるんですって?
ギクッ
はい
よかったわねー
本当大変そうだもん
ほっ
よかった
「子供を他人に
任せるなんて!」て
怒られなくて
怒った人:義父↓
三つ子たちも
成長してかわいいし
ぷく
ぷく
あとはこの
人手の足りなさを
どうにかすれば
余裕ができるはず!
次の日
はじめまして
今日からよろしく
お願いします
家政婦
松田さん
よろしくお願いします
まぁー三つ子ちゃん
ソックリですねー!

区別できるかしら…
あっ大丈夫です
服の色で区別つくようにしてますから
そうなんですか！
長女は黄色
次女はピンク
三女は赤色の服です
長女
次女
三女
へぇ～！
家族も私以外
みんな区別つかなくて…
結局こうしました
何度まちがわれた事か…
やっぱり…
あっでも松田さんには育児より家事をお願いすると思います
量多いですけど
さっそくですけど
洗濯お願いします
どっさり
はい

よかった
一生懸命にやってくれる人で
まー
いっぱいあるわねー
あっそのあとは
三つ子の部屋の
掃除しておいてください
はーい
お義母さんとか
お義父さんには
頼みにくくて
あはは
…自分でやるか…
自分でやること
多かったけど
雇った人には
いいやすい！
家政婦さん
雇ってもらえて
助かった～！
そして
お昼は前より
負担が減った
子供の
世話に集中できる
夜も家族に手伝って
もらえることになったが…
1人
みるわねー

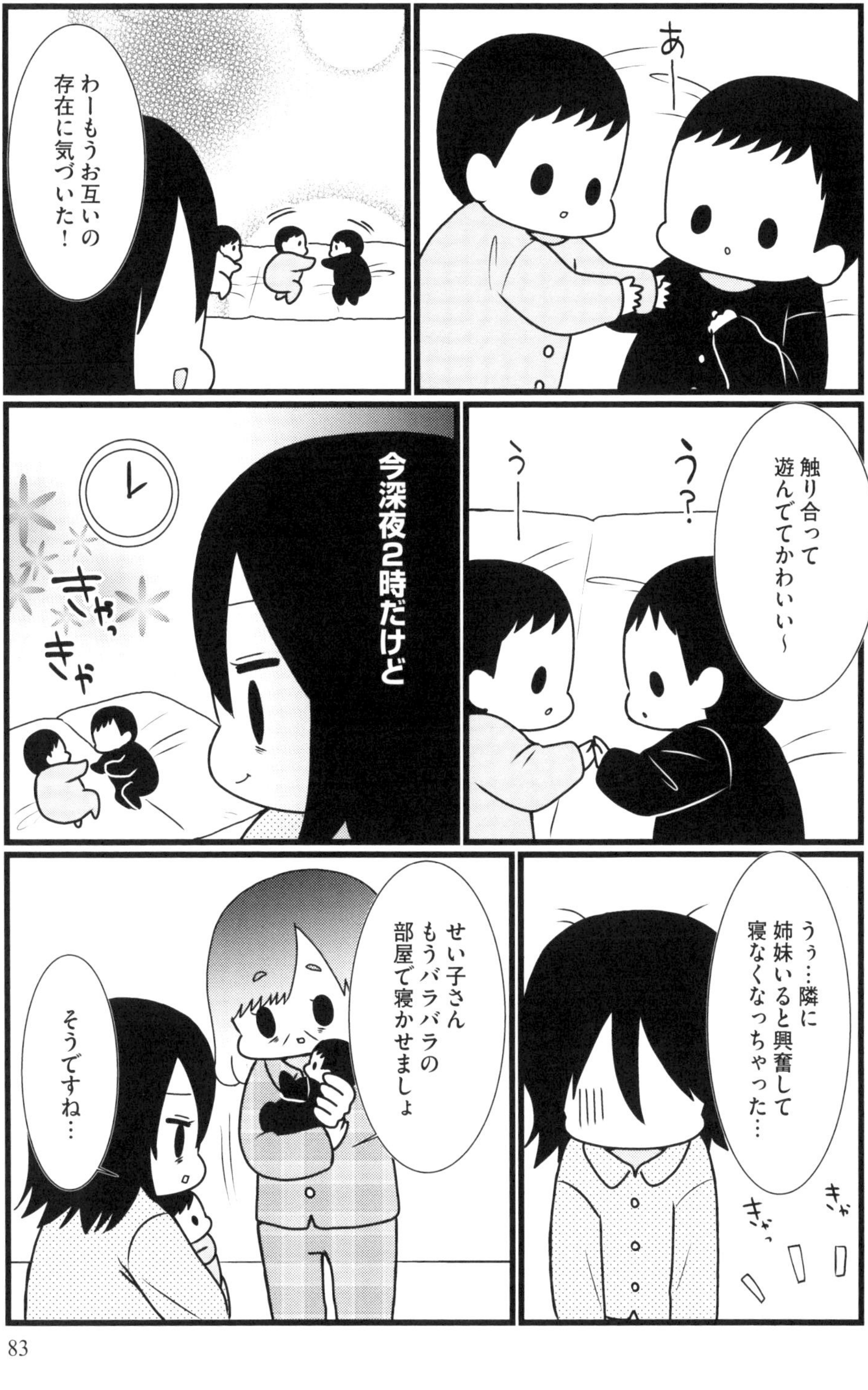
あー
わーもうお互いの存在に気づいた！
触り合って遊んでてかわいい～
う？
うー
今深夜2時だけど
きゃっ
きゃ
うぅ…隣に姉妹いると興奮して寝なくなっちゃった…
きゃ
きゃっ
せい子さんもうバラバラの部屋で寝かせましょ
そうですね…

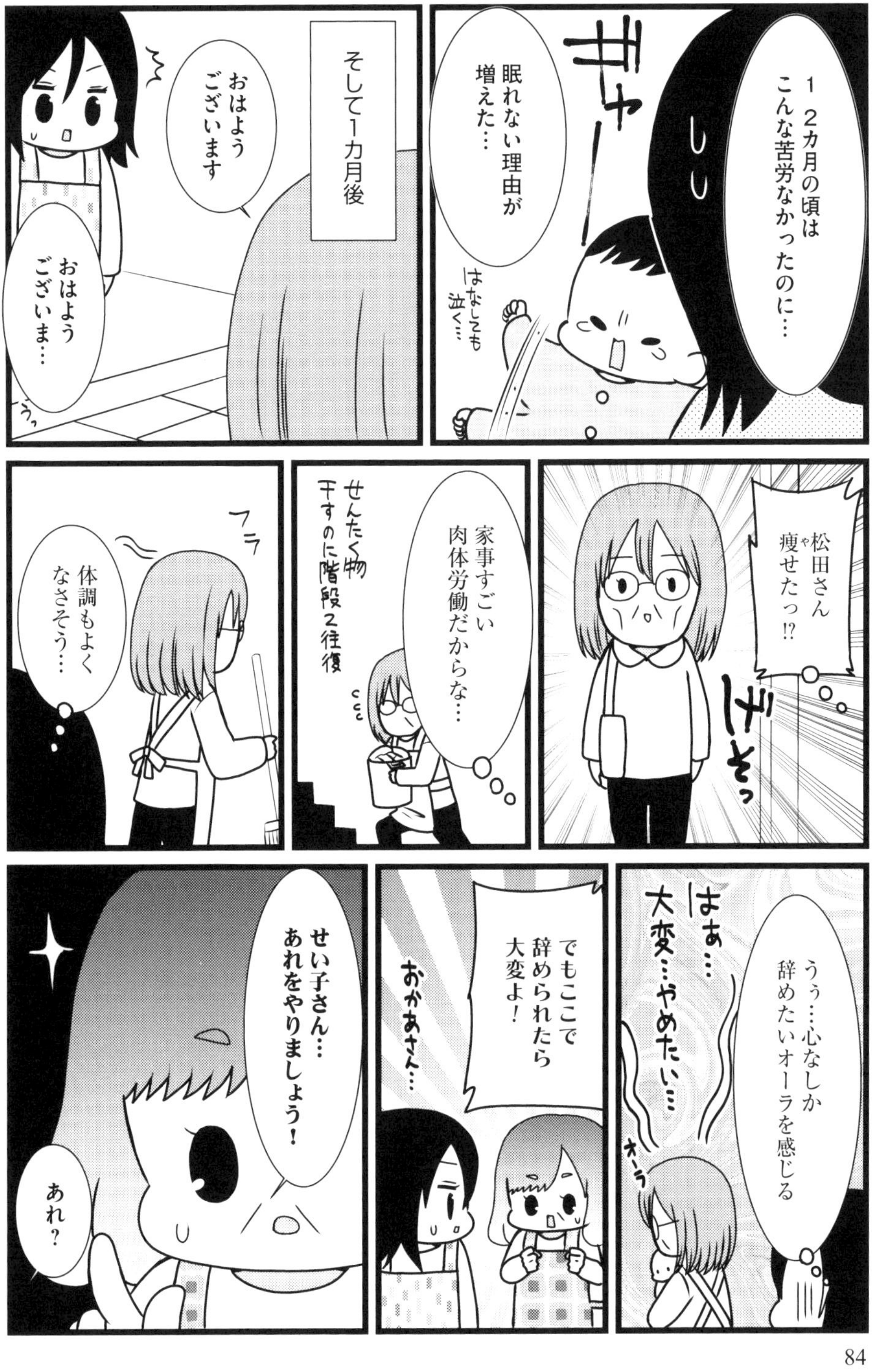
１２カ月の頃は
こんな苦労なかったのに…
ギャー!
はなしても泣く…
眠れない理由が
増えた…
そして1カ月後
おはよう
ございます
おはよう
ございま…
うっ
松田さん
痩《や》せたっ!?
げっそっ
家事すごい
肉体労働だからな…
せんたく物干すのに階段2往復
フラ
体調もよく
なさそう…
うぅ…心なしか
辞めたいオーラを
感じる
はぁ…
大変…やめたい…
オーラ
でもここで
辞められたら
大変よ!
おかあさん…
せい子さん…
あれをやりましょう!
あれ?

せい子さん…
あれをやりましょう！
あれ？
あれって…？
それはね…
いっぱいご飯を
食べさせる作戦よ！
ご飯!?
case.14
夜泣き
ほら今松田さんと
私たちお昼ご飯べつでしょ
お弁当もってきてる
はい
※食事付きの
契約ではなかった
そこで食費はとらず
うちでお昼とお夕飯を
ふるまうの！
1人分
多く作れば
いいだけだし！
※ごはん作るのは義母の担当

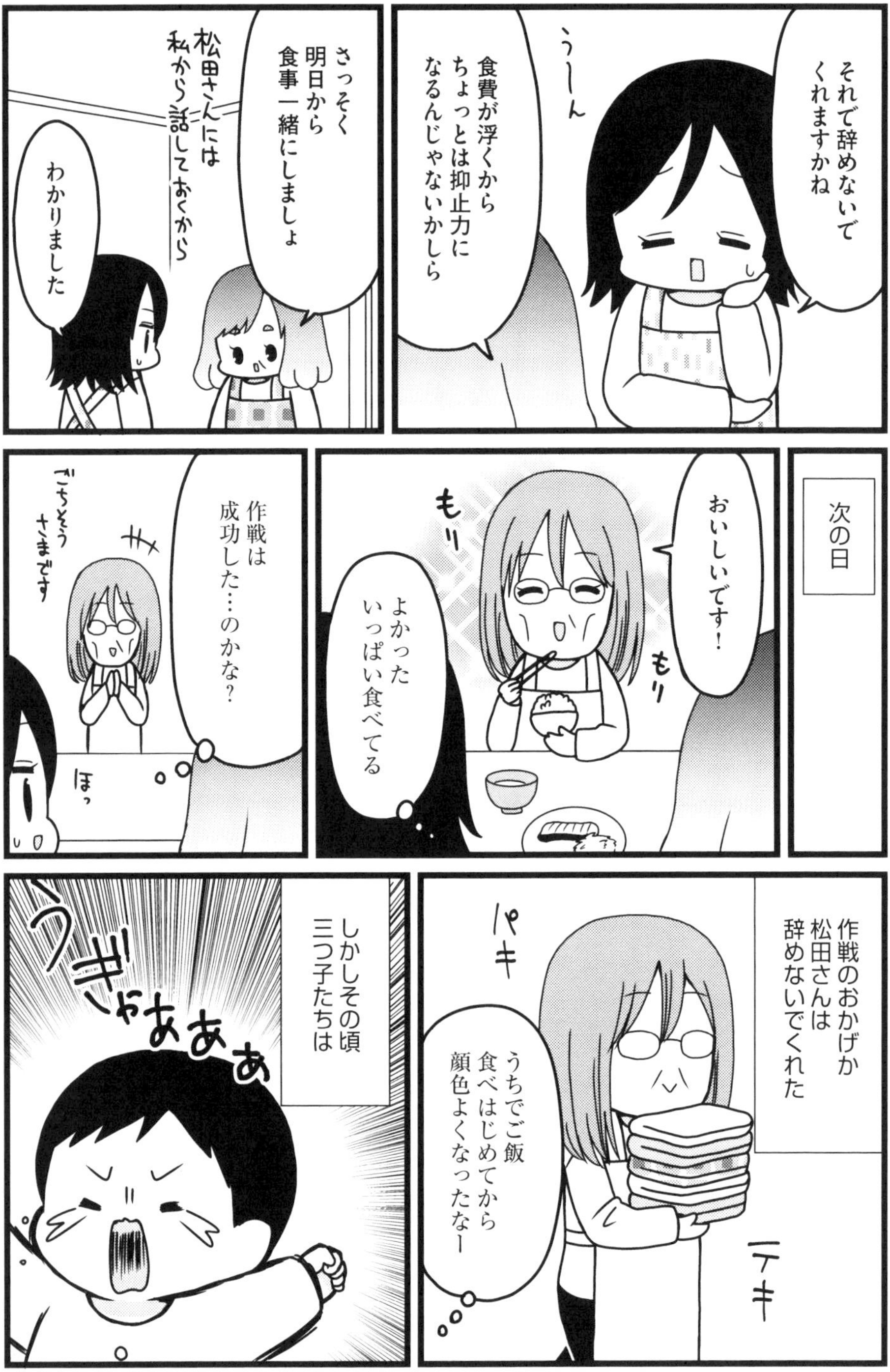
それで辞めないでくれますかね
うーん
食費が浮くからちょっとは抑止力になるんじゃないかしら
さっそく明日から食事一緒にしましょ
松田さんには私から話しておくから
わかりました
次の日
おいしいです!
もり
もり
よかったいっぱい食べてる
作戦は成功した…のかな?
ごちそうさまです
ほっ
作戦のおかげか松田さんは辞めないでくれた
パキ
うちでご飯食べはじめてから顔色よくなったなー
テキ
しかしその頃三つ子たちは
うぎゃあああぁ

〜深夜3時〜
何しても泣きやまない
えーん
ぎゃあぁっ
うわぁあぁあん
ミルクもおむつも抱っこもしてるのに!
わぁあん
よーしよしよし
夫も手伝う
チュン
チュン
ひと晩中夜泣きしてた…
ぐったり…
このままじゃ…私が…また死にそうになる…
この夜泣きを治すためにはなんでもする!
具体的にどうするんだ?
とにかく病院にいってみる!
もしかしたらどこか悪いのかも!いや悪いとこあって治しようがあってほしい!
ええ…
解決策ほしい!!

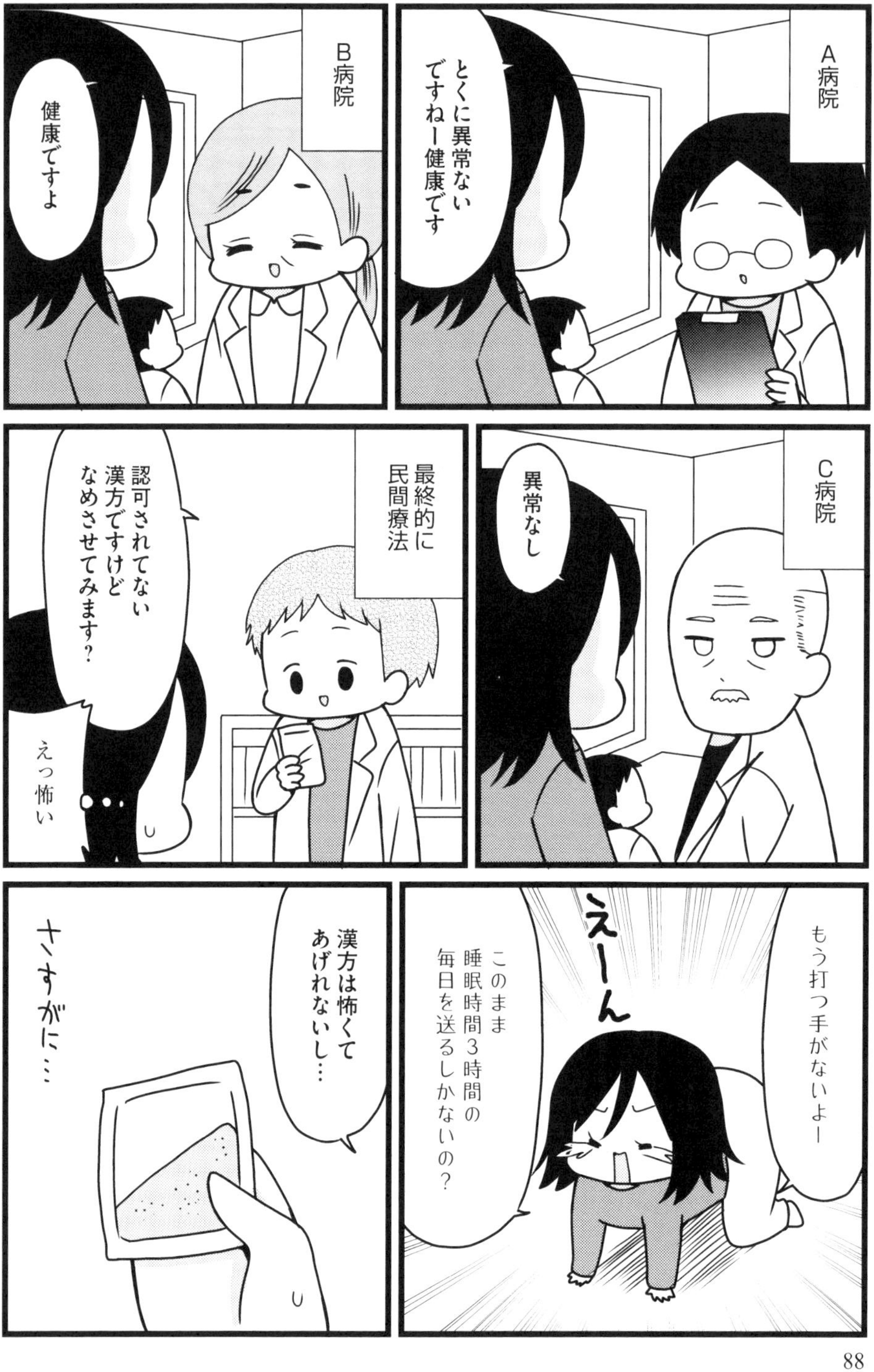

A病院
とくに異常ない ですねー健康です
B病院
健康ですよ
C病院
異常なし
最終的に 民間療法
認可されてない 漢方ですけど なめさせてみます？
えっ怖い
もう打つ手がないよー
えーん
このまま 睡眠時間3時間の 毎日を送るしかないの？
漢方は怖くて あげれないし…
さ、さすがに…

…もう…
神に頼るしかない…
ぼそっ…
ということで
神社で
お祓《はら》いしてもらうことに
あーにゃー
バサ
バサ
はー
もうホント藁《わら》にも
すがる思い…
はーにゃー
バサ
なんたらかんたら
バサ
お願い！
これで夜泣き治って！
バサ
バサ

その日の夜
うわあああぁぁ
だよね…
あとはこの漢方しか残ってない…
…
ごくっ
サー…
すっ
うわあああ
ダメ！やっぱり怖いのはあげれない！
バッ
もう時がすぎるのを待つ！
泣くなら泣け！
アハハハ
うぎゃあああぁ～
夜泣き問題は諦めた

三つ子の夜泣きがヒドくなって数カ月後
うぎゃあ
ギャあぁ
えっ せい子さん!?
近所のママ友
…はい?
case.15
イタコ
顔色とかヤバイけど大丈夫!?
…大丈夫じゃないかも…
夜泣きのせいで毎日2時間くらいしか寝れてなくて…
気づいたら死ぬこと考えてるんだよね…
死にたい死にた死にたい死にた死にたい…
本当に大丈夫じゃない!

近所でも
せい子さんヤバイって
ウワサされてるよ…
せい子さんち 大変そうよね
顔色 ヤバいわよ
ずっとうつむいて
歩いてるし
…そうなんだ
ず〜ん
せめて前むいて
歩かないと！
どんどん元気
なくなるよ！
…うん
今度夜泣きに効く
方法教えてあげるね
うん
こうやって
いろんな人に
アドバイスされるけど
何ひとつ効果ないんだよ！
ぎゃーっ
うわあぁあん
ガクーッ
夜泣き…1回諦めたけど
家族にも影響が
出てきちゃったし
全員 ねれてない
なんとかする方法
探さないと…
ず——ん

そんなある日
今日会社の人に「イタコを呼んだらどうだ？」っていわれた
イタコ？
今ちょうど近くにきてて紹介できるって
…
いいわね！呼びましょう！
本物のイタコなら効果あるかも！
※睡眠不足でみんなおかしくなっている
でも祈祷《きとう》は効果なかったですよ
祈祷とイタコはべつよきっと！
じゃあおじいさん紹介よろしくっていっておいて！
わかった！
だっ
電話してくる!!
睡眠不足でみんなおかしく（略）

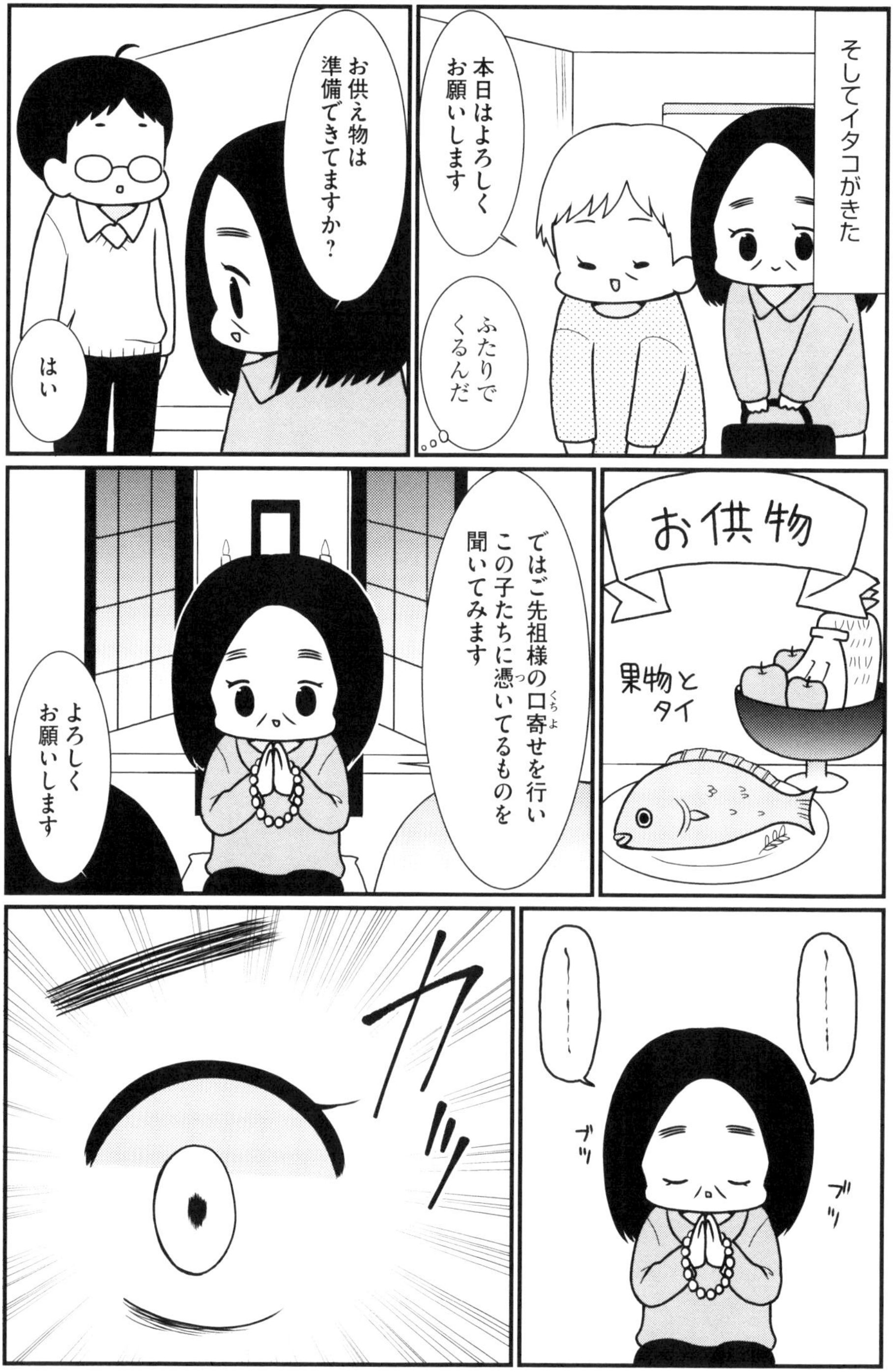

そしてイタコがきた
本日はよろしくお願いします
ふたりでくるんだ
お供え物は準備できてますか?
はい
お供物
果物とタイ
ではご先祖様の口寄《くちよ》せを行いこの子たちに憑《つ》いてるものを聞いてみます
よろしくお願いします
ブツ
ブツ
カッ

キェェェェェ
キェエエエ
え…普通に怖い…
うわあああぁん
三つ子たちも叫び声で泣き出した!
まぁ…三つ子ちゃんたちも何か感じ取ってるわ…!
いや叫び声にびっくりしたんでは!?
バターン
えっ どうしたんですか!?
口寄せが成功したので気絶したんです
私が今祓います

〜〜…〜…
ブツ
ブツ
〜…〜…
なるほど このためにもうひとりいたんだ
フー
ど…どうでした？
…三つ子ちゃんの夜泣きの原因がわかりました
えっ本当ですか!?
治るんですか!? 本当にこれから夜寝てくれるんですか!?
ぐい
ぐい
落ち着いてください
原因は…
ごくっ…
ご先祖様の無念です

三つ子ちゃんたちの
夜泣きの原因は…
ご先祖様の
無念です
ご先祖様の
無念…
ざわ…
それってどんな⁉
まずこの家の
ご先祖様は
キリシタンの武士ですね
case.16
原因
あ…当たってる！
えっ当たってるんですか？
我が家の
過去帳に
かいてあるのよ
そうなの
やっぱりわかるのね
ご先祖様には当時
3人の娘がいたそうです

その娘たちをとてもかわいがっていたのですが…
よしよし
3人ともナゾの病気で亡くなってしまいます
ご先祖様はそれはもう悲しんだようです
シク
シク
そしてその時の無念が三つ子ちゃんたちに憑いてるみたいですね
なんでその無念がこの子たちに？
三つ子ちゃんたちはその亡くなった娘3人の生まれ変わりなんです
ええっ!!

ご先祖様の「娘たちにもっと生きていてほしかった」という強い思いに
シク シク
三つ子ちゃんたちが反応してるんですね
わあああん
当時のお父《とう》さんに「今生きてるよ大丈夫だよ」ということを伝えるために泣いてたんでしょう
ぎゃあああ
泣ける話だわ〜
ううっ
お義母さん泣いてる!!
じゃあこのまま泣かしておくしかないんでしょうか
いえもう大丈夫です
ご先祖様にはもう私が話をしておきました
三つ子ちゃんももう泣かなくても大丈夫です
ほっ
よ…よかった〜
でも

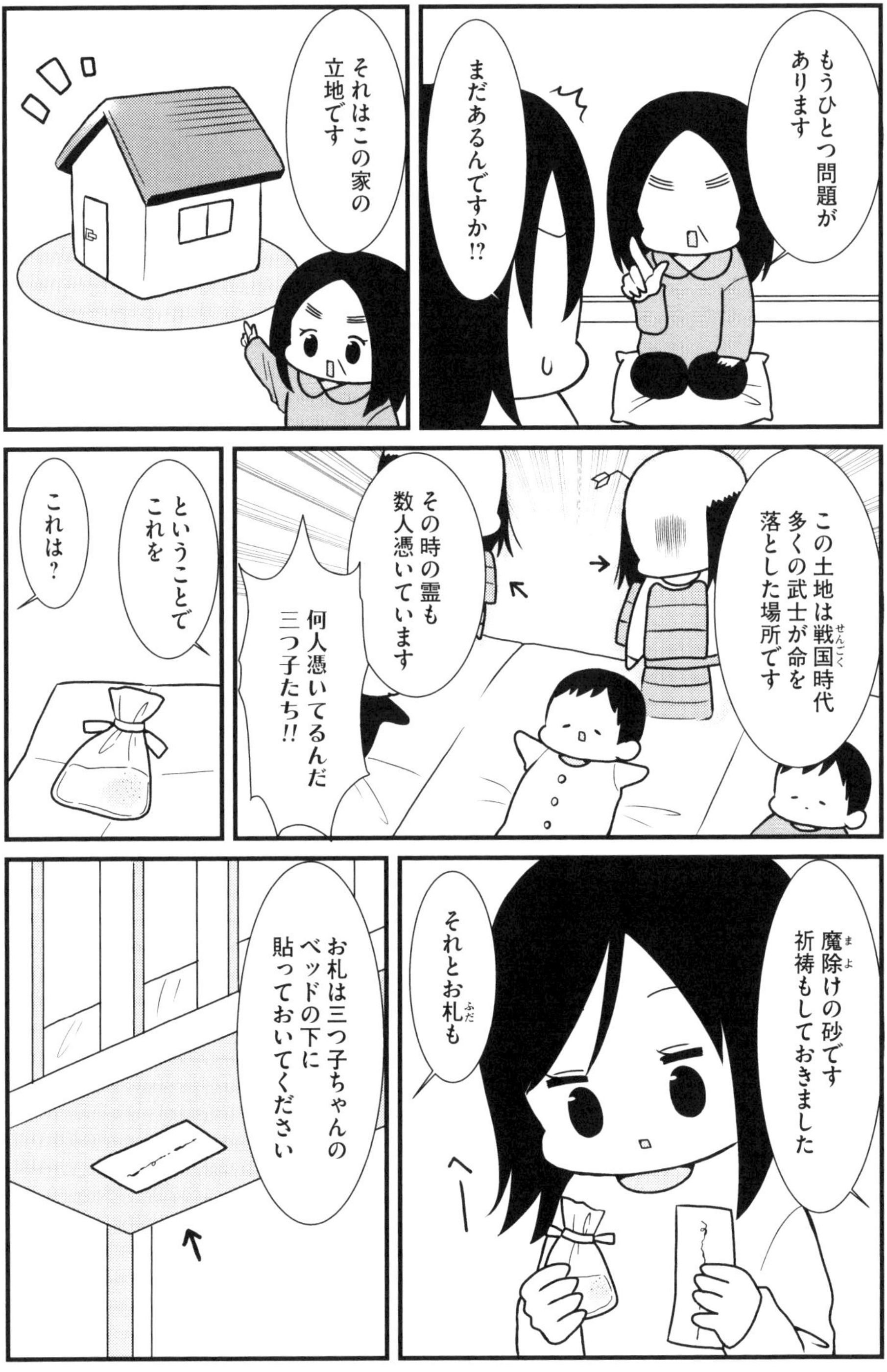
もうひとつ問題があります
まだあるんですか!?
それはこの家の立地です
この土地は戦国《せんごく》時代多くの武士が命を落とした場所です
その時の霊も数人憑いています
何人憑いてるんだ三つ子たち!!
ということでこれを
これは?
魔除《まよ》けの砂です祈祷もしておきました
それとお札《ふだ》も
へー
お札は三つ子ちゃんのベッドの下に貼っておいてください

あと家の周りにも魔除けの砂をまいておきます
さら
さら
これでもう何もないはずです
つっつ
ありがとうございました
あなたももう大丈夫だからね
ぽんっ
効果あるかわからないけどなんかスッキリはしたなー
んーーっ
ご先祖様の話当たってて感動したわ
その夜

えっ…
三つ子たちが
夜泣きしない!!
スヤ
スヤ
すごい！
ぐっすり寝てる
ずっと
おきない
お昼も
なんか機嫌いいし…
キャッ
キャッ
イタコさんの
おかげかしら？
呼んで
よかったですね
こういうのって
本当に効果ある時も
あるんだなー
しかし1週間後…
あっという間に
元に戻った
ぎゃーあぁ
うぎゃあぁ
夢のような
1週間だった…

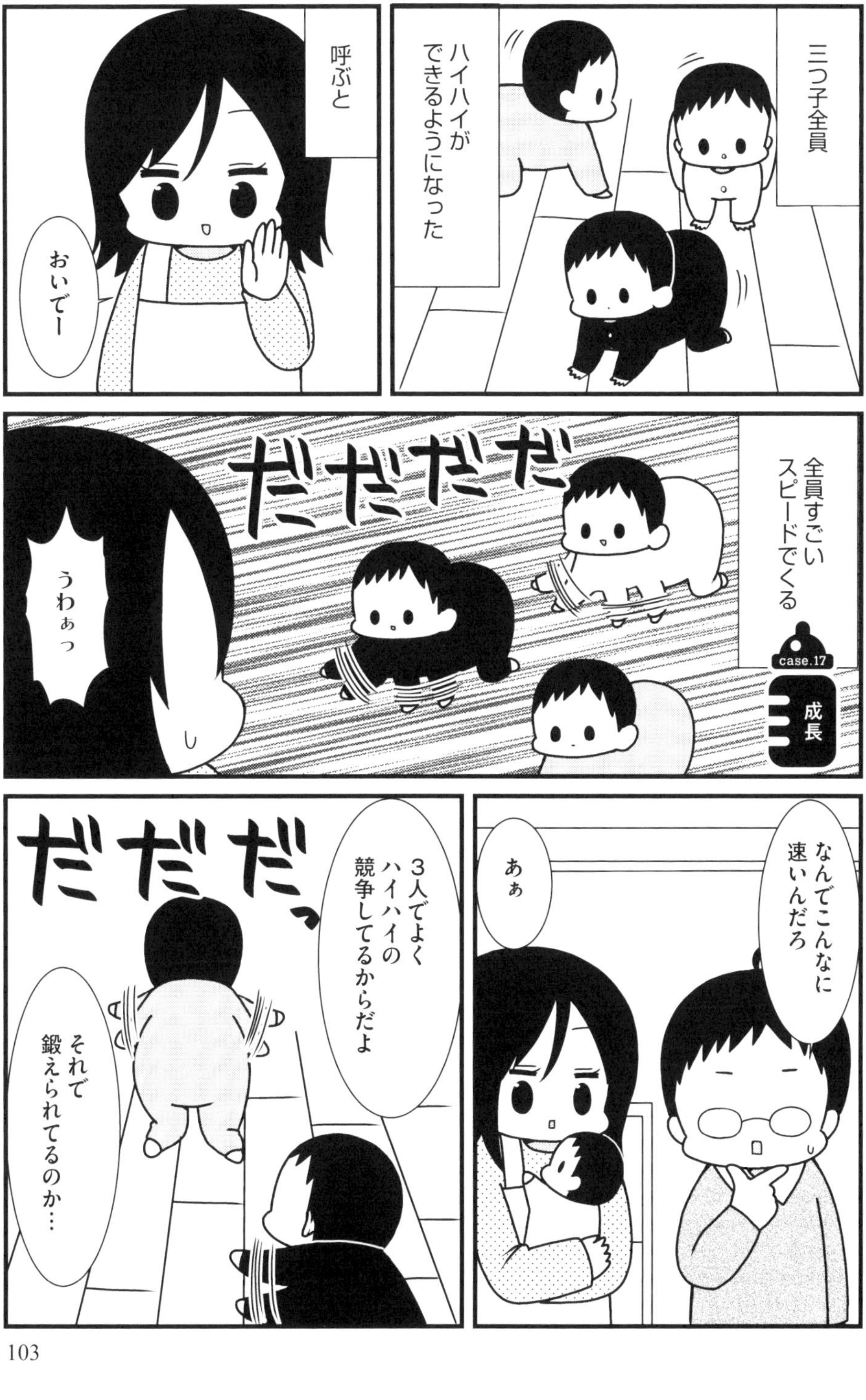
三つ子全員
ハイハイができるようになった
呼ぶと
おいでー
case.17
成長
全員すごいスピードでくる
だだだだ
うわぁっ
なんでこんなに速いんだろ
あぁ
3人でよくハイハイの競争してるからだよ
だだだっ
それで鍛えられてるのか…

競争してるの
見るとさ
早いなー
それぞれ性格が
出てきたなーって
思うんだよ
あーそれ思ってた
長女は一番
のんびりしてて
ぽーーっ
次女はちょっと
気が強くて
ぎゃああ
三女は一番
気が強い
次女から
とった
競争も　おもに
次女と三女が
やってるね
だだだーっ
長女はそれに
ついていってるだけ
って感じ
のた
のた
のんびり
してるなー

動くようになってから食欲もすごくて…
この前なんか
ごくっ
ごくっ
ブンッ
空になったのを!!
えっ投げた!?
えぇー足りなかった!?
びえええええ
これ以上あげると太りそう…あんまあげたくない
離乳食もあげてるし
何してんだせい子さん!
お腹すいて泣いてるのかわいそうだ! もう少しあげよう
えぇ～

…てミルク
おかわりまで
してた
保健所の人にも
注意されたのに…
まあ健康に
育ってるし
いいじゃん
むち
むち
ちょっと
デブだけどね…
そして三つ子は
スクスク育ち
食べる量すごい
もぐ
もぐ
つかまり立ち
するようになった
早《はや》っ
もうすごい
動きたがるのよー
じゃあ試しに
乗せてみるか
じた
ばた
歩行器
ドン
長男が
使ってたお古

おおっ喜んでる
キャッ
キャッ
もう乗りこなしてる
ガラ
ガラ
ほかのふたりもすごい乗りたがってる
あー
じゃああとふたつ買うか
ビェエエエン
そうだね
ドン

うわっ
ガーーッ
ガーーッ
ガラガラ
早っ！
今度は歩行器で競争してる
ガーーーッ
これ…あれを思い出すな
あれ？
暴走族
たしかに
ブォン
ブォン
プーッ
それから三つ子が歩行器に乗ってる時は
あっ暴走族だ
ガラガラ
ガーッ
というようになった

三つ子が歩行器をマスターしたので
手押し車も与えてみた
長男のお古
使えるかな？
ガラ
おおっ次女すごい気に入ってる！
キャッ
キャッ
ガラ
case.18
二代目
動くの好きなんだねー
ガラ
ガラ
とり合いっ
ギャーーーッ
またあとふたつ買わなきゃ

そして手押し車を使いはじめてからの夜
三つ子たちが夜泣きしなくなった
スヤ
スヤ
長女だけ別室
やったぁぁぁ
運動量が増えたおかげかグッスリ!
ぐー
ねる前
寝つくのはまだ時間かかるけど…
キャッ
キャッ
夜泣きしないから前よりマシ!
これで寝不足がちょっと解消される!
運動最高!
やったー
しかししばらくして
…すいません

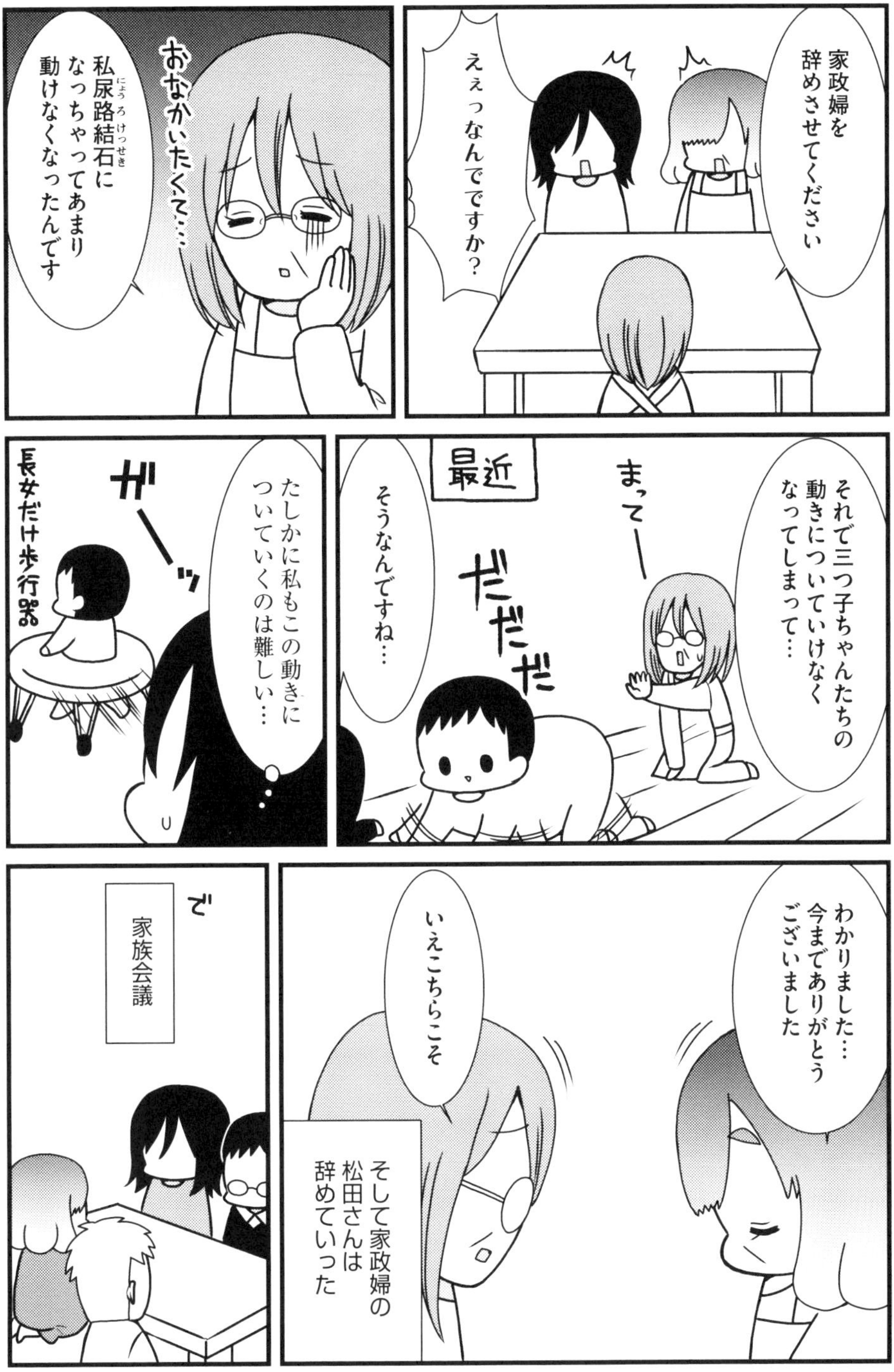
家政婦を辞めさせてください
えぇっなんでですか?
おなかいたくて…
私尿路結石《にょうろけっせき》になっちゃってあまり動けなくなったんです
それで三つ子ちゃんたちの動きについていけなくなってしまって…
最近
まってー
だだだ
そうなんですね…
たしかに私もこの動きについていくのは難しい…
ガーッ
長女だけ歩行器
わかりました…今までありがとうございました
いえこちらこそ
そして家政婦の松田さんは辞めていった
で
家族会議

松田さんは人の紹介できてもらった人だけど
家事とかやってくれる人ー
知人
やります
仲介会社とか資格とかなし
今度は家政婦協会から紹介してもらおう
そうだな
うちは特殊な環境だからプロに頼んだほうがいいもんね
松田さんつらそうだったし
子供育てあげた人なら大丈夫かと思ったけど同時に3人はな…
あっちにも最初から状況伝えて
じっくり人を選んでみよう
そうね
じゃあ家政婦協会には俺が連絡しておく
うん
調べておく
タウンページ
そして1カ月後
いない間の家事大変ー!!
ふたり目の家政婦さんがきた
よろしくおねがいします
家政婦
安田《やすだ》さん(仮名)

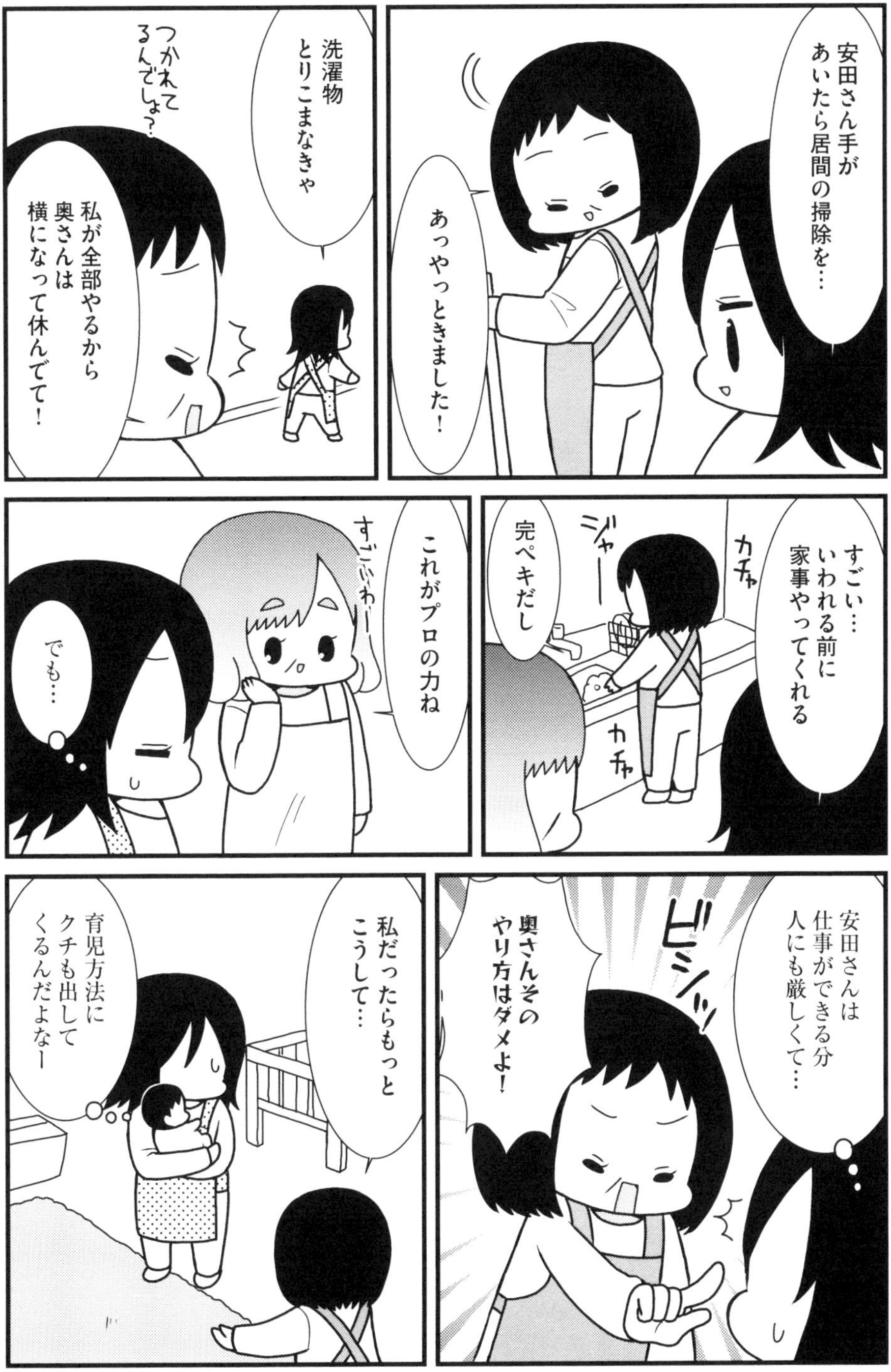
安田さん手が
あいたら居間の掃除を…
あっやっときました！
洗濯物
とりこまなきゃ
つかれてるんでしょ？
私が全部やるから
奥さんは
横になって休んでて！
すごい…
いわれる前に
家事やってくれる
カチャ
ジャー
完ペキだし
カチャ
これがプロの力ね
すごいわー
でも…
安田さんは
仕事ができる分
人にも厳しくて…
ビシッ
奥さんその
やり方はダメよ！
私だったらもっと
こうして…
育児方法に
クチも出して
くるんだよなー

あっ指しゃぶってる！
ちゅっ ちゅっ
これ愛情不足のサインらしいわよ！
奥さんもっと愛情もって接してあげて
よしよし
ええ～
私は私なりにがんばってるんだけどな…
もや…
愛情も注いでるつもりだし…
これ以上どうしろと…
もや…
育児書ちゃんと読んでる？
忙しくて読んでないです…
それじゃダメよちゃんと最新のを…
くどくど
まあ
三つ子たちが元気に生きてるだけで十分だから流しちゃお☆
ハーイすみません☆
安田さん仕事できるし辞められたくない
せい子のスルー力《りょく》はすごかった

ふたり目の家政婦さん
安田さんは
これはうさぎさん！
こっちはねこさん！
どうぶつ
とても教育熱心だ
今まではとにかく
終わればいいって
やり方だったが
ズボーッ
最終的に
着てればいいい！
case.19
悲鳴
そんないいかげんな
着替えさせ方ダメよ！
安田さんはそれを
許さなかった
どういうふうに
服を着ればいいのか
ちゃんと教えないと
最初は左手からで
最後に利き手の右手を
袖に通して…
ひとりひとり
ちゃんと話しかけてる

私はもう三つ子+長男でひとりひとり相手にする余裕なんてないのに…
ゲッソリ…
奥さん！
大変なのはわかるけど…そんな顔してたらダメよ！
子供の前ではできるだけ笑顔で！
は はい すいません…
お母さんが不機嫌だと子供に伝わっちゃうのよ
それだと子供によくないから…
子供のことすごい考えてくれるなー

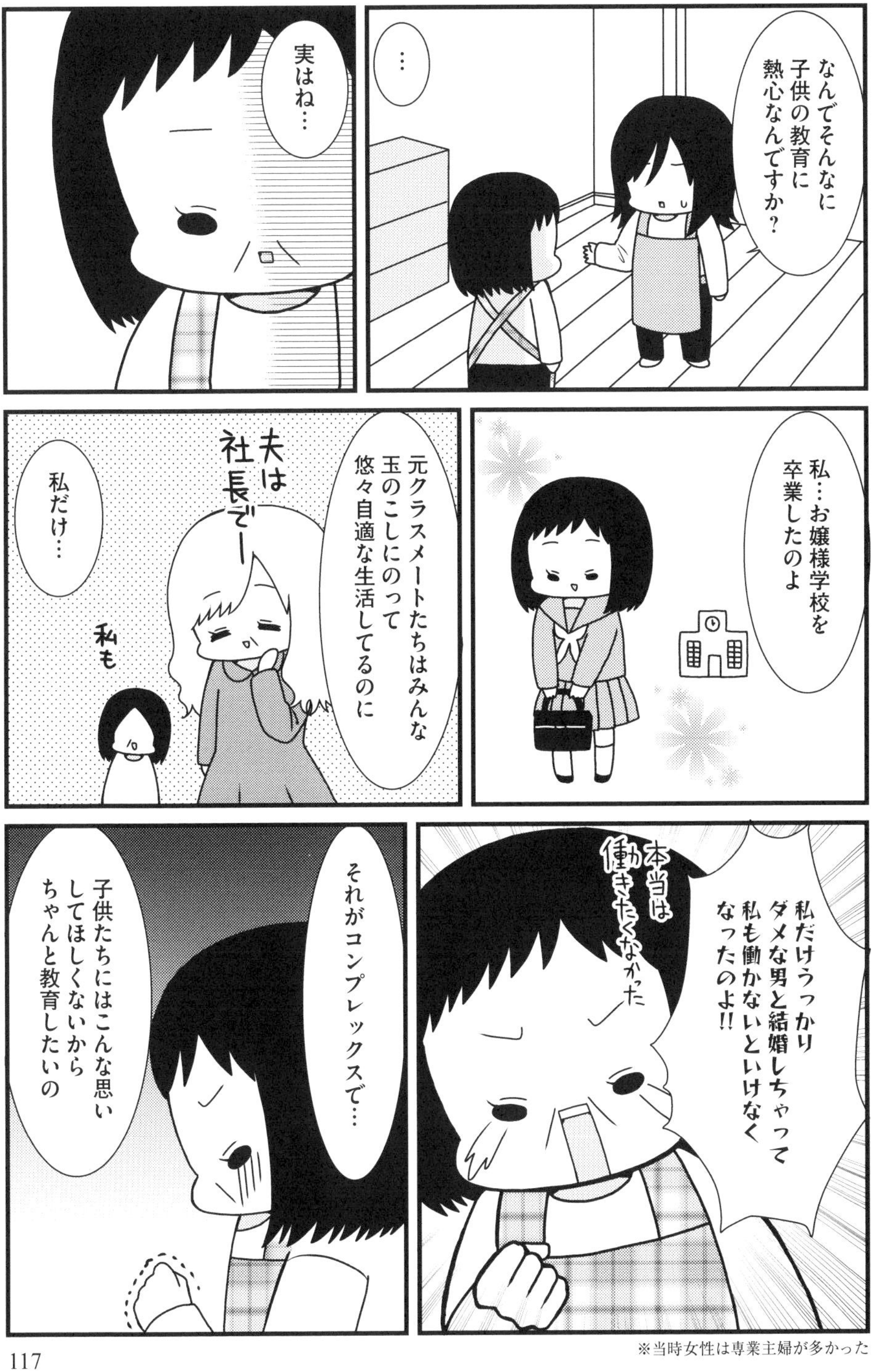

※当時女性は専業主婦が多かった

常識がない子になっちゃうと大変なことになるから…
変なのと結婚したり
な…なるほど…
だから奥さんも教育しっかりね！
はい…
それ聞いたら反論できない…
よしよし
そんな安田さんのサポートもあり
三つ子たちは無事1歳になった
一升もちせおってギャン泣き
ギャーーッ
うわぁあん
が
ゲホッ
ゲホ
のりが風邪ひいちゃって三つ子にもうつっちゃった…
う～ん
う～ん
しかも吐くやつ…

4人の通院と看病大変…
うぇ〜ん
また夜寝れないし…
体調悪いせいかねてくれない
えーん
ゲっそり
えーん
子供のことで手いっぱいになり
せい子少しは食べなよ
食欲ない…
自分の食事も睡眠もおざなりに
よしよし
おぇーっ
子供の風邪がよくなった頃には
ママかぜなおったー
よかった
体重は48kgまで落ちた
ゲそっ…
5kgは減った…
身長は162cm

その頃から
うっ…
痛い!!
腰がめっちゃ痛い!!
ズキ
ズキン
寒けもすごい…
ブル
ブル
おいせい子
また腰痛か?
大丈夫か?
ブル
ブル
大丈夫
じゃないかも…
救急車呼んで…
だっ
わかった!
この時はただの腰痛と
寒けだと思っていたが
うーん
うーん
これが地獄の
始まりだった

救急車で運ばれたせい子
ピーポーパーポー
点滴をしてもらうが
うーん…
なんの病気かわかりません…血液検査をしましょう
さむい…
まじか…
病状は全然よくならず
case.20
診断
でもここで私が倒れたら子供みる人がいなくなる
もう大丈夫です家に帰ります
フラフラ
せい子すごい熱だぞ
はぁはぁ
だいじょうぶ…

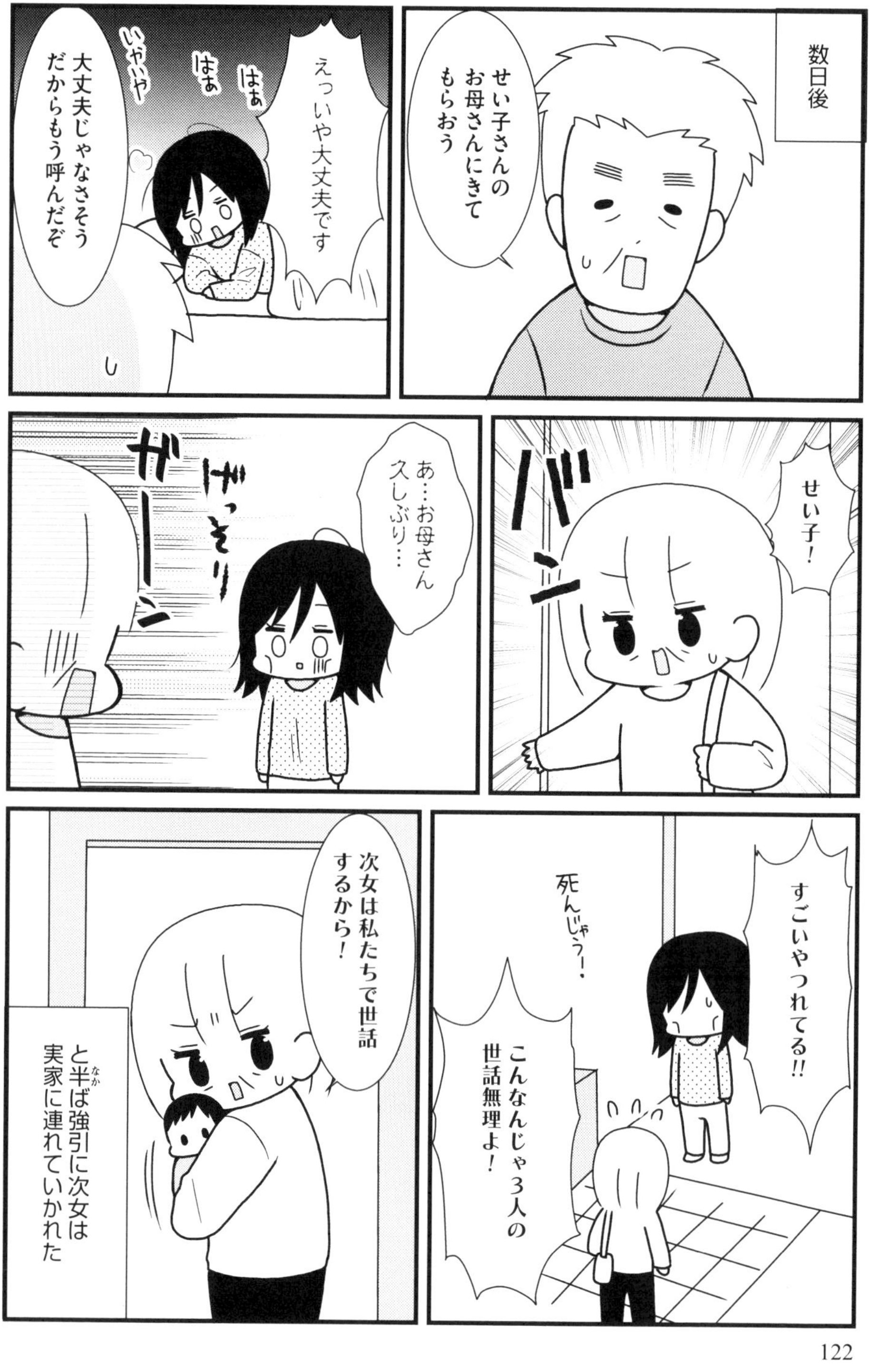
数日後
せい子さんのお母さんにきてもらおう
えっいや大丈夫です
はぁ
はぁ
いやいや
大丈夫じゃなさそうだからもう呼んだぞ
バーン
せい子!
あ…お母さん久しぶり…
げっそり
ザーン
すごいやつれてる!!
死んじゃう!
こんなんじゃ3人の世話無理よ!
次女は私たちで世話するから!
と半《なか》ば強引に次女は実家に連れていかれた

しかし一向によくならず
はぁ
はぁ
熱が39．5℃…
39.5
ピーポー
ピーポー
また救急車で運ばれる
脱水症状で即入院
はぁ
はぁ
気合だけじゃ病気には勝てない…
血液検査の結果が出たのですが…
数値がよくありません
マルクをやるしかないと思います
マルク？
簡単にいうと骨髄《こつずい》検査です
骨髄検査…
?

胸骨《きょうこつ》にドリルで
穴を開けそこから
注射器で骨髄組織を
吸引します
えっ…！
それって痛いですか!?
…
とても痛いと思います…
いやぁぁぁああああ
でもやるしかありません
うぅ…せめて一番うまい先生でお願いします
わかりました
マルク当日
プスッ
いきますよ
ぎゃぁああああ痛いぃぃいいい！
三つ子産んだ時より痛いぃぃいいいいい!!

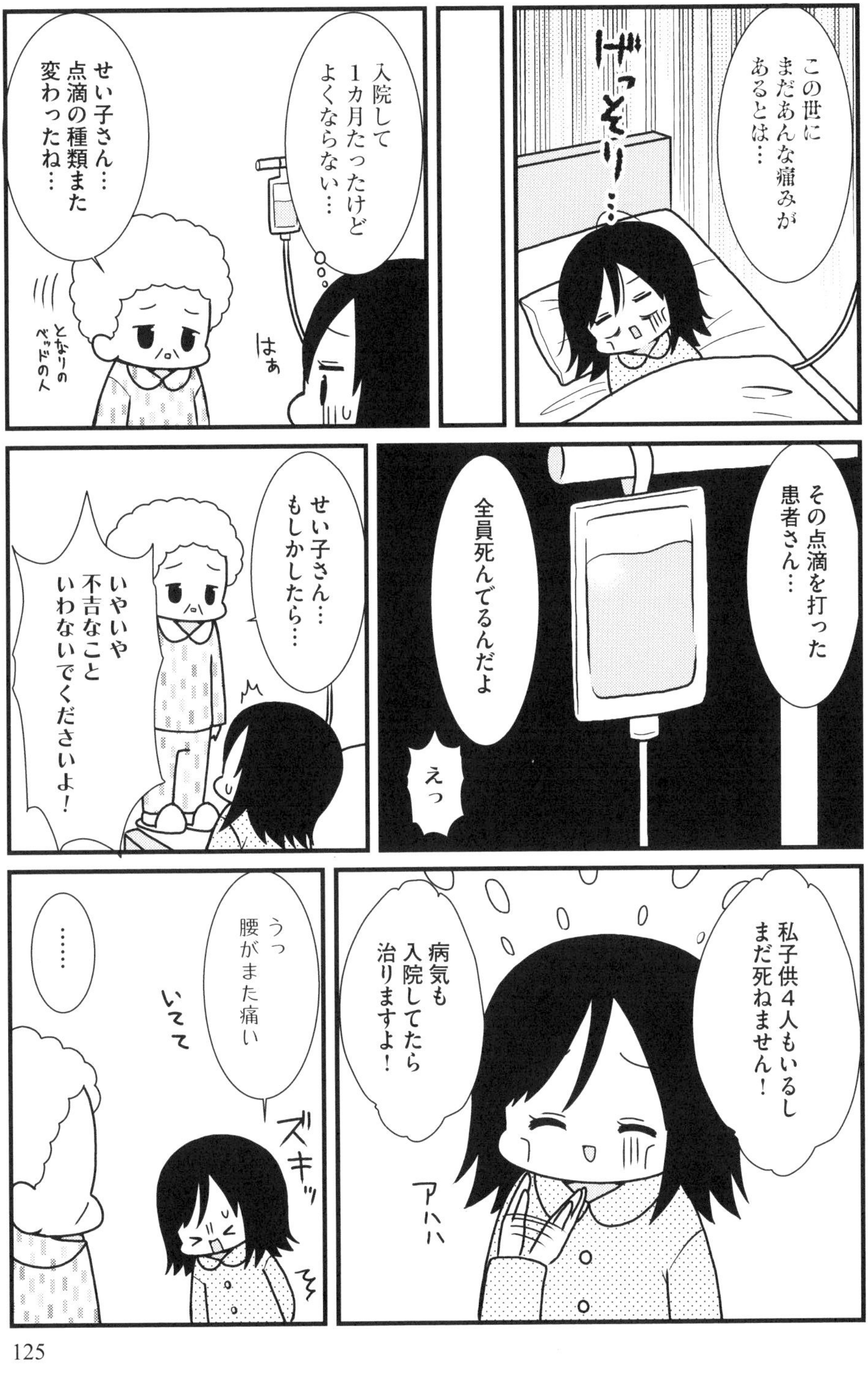

この世に
まだあんな痛みが
あるとは…
げっそり…
入院して
1カ月たったけど
よくならない…
はぁ
せい子さん…
点滴の種類また
変わったね…
となりの
ベッドの人
その点滴を打った
患者さん…
全員死んでるんだよ
えっ
せい子さん…
もしかしたら…
いやいや
不吉なこと
いわないでくださいよ！
私子供４人もいるし
まだ死ねません！
病気も
入院してたら
治りますよ！
アハハ
うっ
腰がまた痛い
いてて
ズキッ
……

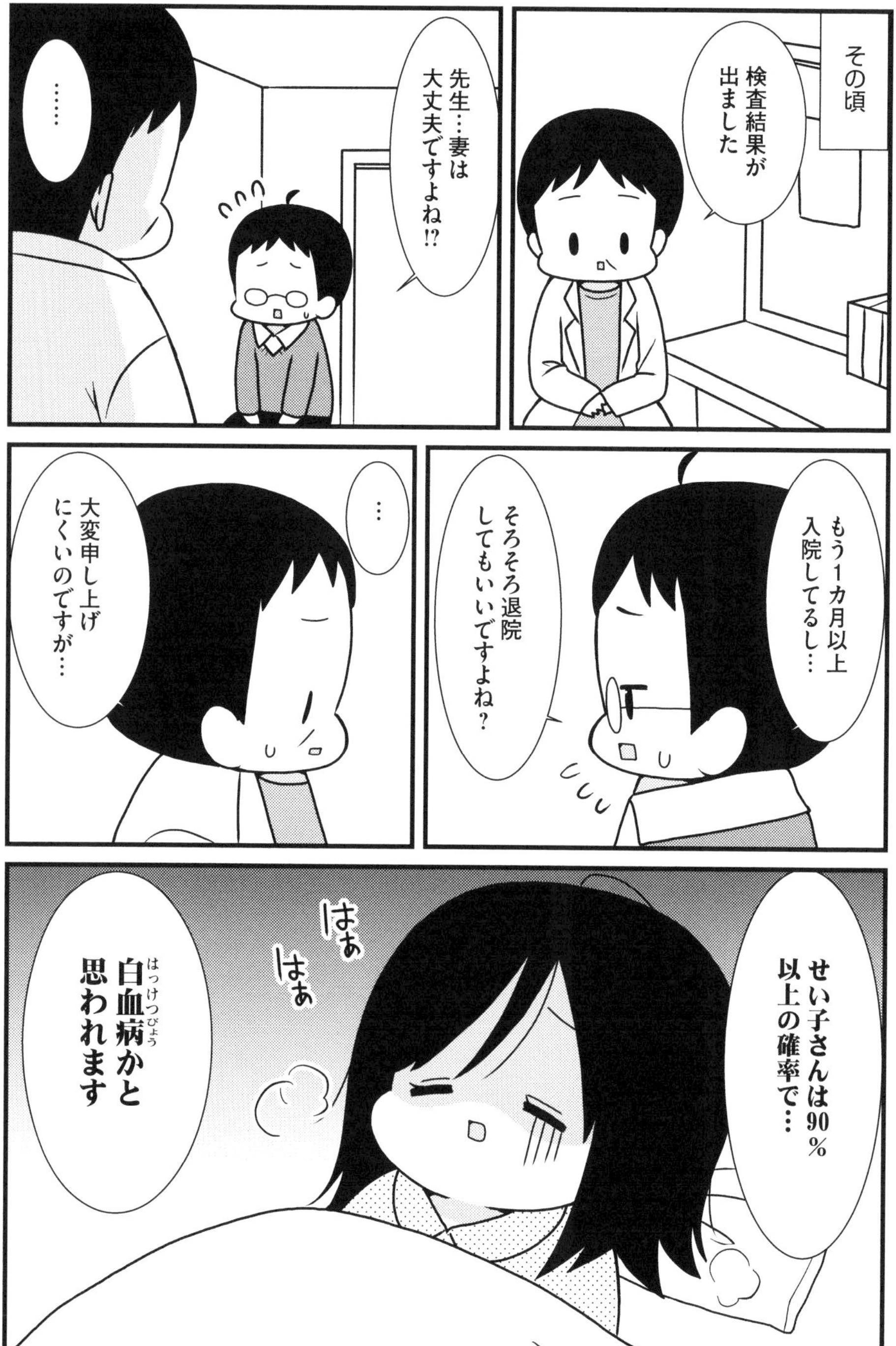
その頃
検査結果が出ました
先生…妻は大丈夫ですよね!?
……
もう1カ月以上入院してるし…
そろそろ退院してもいいですよね?
…
大変申し上げにくいのですが…
せい子さんは90％以上の確率で…
はぁ
はぁ
白血病《はっけつびょう》かと思われます

せい子さんは90％以上の確率で
白血病だと思います
白血病……
case.21
確信
いや
違う気がする
三つ子が生まれてから毎日睡眠時間は2 3時間で
ねれない
バタ
ご飯もほとんど食べない生活してたし…
バタ
食べれない
理由は絶対それだ！体が弱ってるだけだ！
夫にはナゾの確信があった

家族にも伝えとかないと
…で白血病かもしれません
えぇっ
そ…そんな…
でも俺は違うと思うんです
なのでここじゃなくてもっと大きい病院に転院して調べてもらおうと思ってます
転院!? 大丈夫なの!? せい子あんなに弱ってるのに…
いやなんとしてでも転院します!
このままじゃせい子が死ぬ!
そうだな…何もしないよりは…
先生には俺から話つけときます
そして大学病院へ転院し
大学病院

再び全身検査することに
えぇっ
マルクをもう一回やる!?
あの痛みをもう一度…!?
ツラいでしょうがお願いします
イヤです!やりたくないです!
そこをなんとか…
ヤです!!
でもやらないと治療方法がわかりません
うぅ…
治療して早くよくならないと子供に会えない…
もう1カ月以上も寂しい思いさせてる…
ぐっ
……やります
ありがとうございます

全身検査終了
ギャーーッ!!
…やっぱり白血病かもしれないですね…
そんな…
それに投薬の影響で肝臓もボロボロです
前の病院で強い薬使ってたから
肝臓は治せるんですか?
肝臓は薬がないので
抗生物質の投薬をやめて休養と食事で回復するしかないです
休養と食事…
あの先生
妻は三つ子の育児でヒドい生活を送ってて…
自分はそれが原因で体が弱ってるんじゃないかと思ってるんです

なので一回
投薬をやめて
肝ぞうのためにも
体を休めて
免疫力をつけたほうが
いいと思うんです
…
うーん…
そうですね…
投薬をやめて
一回様子を
みてみましょう
その間ほかの病気の
可能性がないか
調べてみます
お願いします
そして
投薬をやめてから
どん
とにかくご飯を
食べてください
10kgは
体重を増やす
つもりで
えぇ…
食欲ないです

食欲なくても
食べてください
うぅ…
ザッ
いいですよ
せい子さん!
それでとにかく
安静に!
いっぱい寝て
ください
はい
こうして
食べて寝るだけの
生活をして1カ月
もぐ
もぐ
先生
妻はどうでしょうか?
実は…
せい子さんの
病気がわかったかも
しれません

実は
せい子さんの病気がわかったかもしれません
えっそれは…!?
ゴクリ…
せい子さんは院内感染した可能性があります
case.22
死なない
院内感染?
院内感染というのは病院内で新しく病原菌に感染することです
今の状態になる前せい子さんは病院にいったんですよね?
はい
子供たちが風邪をひいたので連日連れていってました
体が弱っていたせい子さんはそこで感染してしまったんですね
小児科

インターネットで
調べてたら
せい子さんと同じく
抗生物質が効かなくて
高熱が出る病気の人が
アメリカにいると
情報を見ました
症状も似ているので
白血病ではなく
たぶんその病気かと…
やっぱり白血病じゃ
なかった！
それは治療方法は
あるんですか!?
とにかく食べて寝て
体を休めるしか
ありませんね
薬が効かない
病気なので…
抗生物質が
きかない
体の免疫力を
高めるしかないです
つまり今の
状態を続けます
ねて食べて体重ふやす
わかりました
…ということらしい
えっ

私白血病って
いわれてたの!?
うん
お母さんとか
涙目でお見舞い
きてたのそれか…
うぅぅ
?
でもたしかにこの
1カ月でだいぶ回復したし
このままとにかく
食べて寝て体戻す!
子供たちに早く
会いたいし!
※子供は面会禁止で会えない
体重を増やすことだけを
考えて生活する!
よし!毎日
丼2杯は米食べろ!
おう!
そして
1カ月後
やったー
体重8kg増えた

もう退院しても大丈夫です
よくがんばりましたね
おめでとうございます
やったぁ!
入院して約3カ月…ついに退院できる!
長かった…
体の調子はどうだ?
完全に回復したよ
今なら三つ子の世話もひとりでできる!
あっ
それなんだけど
これからはもっと周りに頼ったほうがいいと思うんだ
義父母にも家政婦さんにも遠慮してほとんど自分でやってたろ?
夜ほぼ1人でみてたし
…うん

結局無理して体壊してこうなっちゃったし
もっと楽に育児しないと死ぬね…
今度こそ
そうだよ
家に帰ったら俺も家事手伝うよ
ありがとう
帰宅
ただいまー
ガチャ
ドドド
ママ――――!!
すごい大きくなってる！それでしゃべってる！
せい子さんおかえりなさい
ママー
ママー
よかった無事に退院できて
本当にね

白血病かもって
いわれた時は
どうなることかと…
ぐすっ
お義母さん
お義父さん…
思ったより
周りに心配かけて
しまってたんだな…
もう体は
大丈夫？
子供たちも
寂しかったのか
すごいうれしそう
わい
ママーこれみて！
わい
ママー
また子供に
会えてよかった…
今まで本当に本当に
大変だったし
ねない…
おフロ大変
おわらん…
これからも
大変だろうけど
周りに支えられながら
がんばっていこう
死なない程度に

初出一覧

『本当にあった笑える話』2017年4月号～12月号
2018年1月号～12月号
2019年1月号

※本書は上記作品に描き下ろしを加えて構成したものです。

せい子の日記 Q&A
～育児編～

Q．三つ子が初めて家にきた時の長男の反応は？

A．待望の妹がきて、すごい喜んでました。

長男の喜びように周りの人も感動して泣いてたほどです。

妹の面倒もよくみてました。

赤ちゃんの部屋こっちだよ！
今は兄貴風《かぜ》ふかせて
フフッ

Q．近所の人の反応はどうでしたか？

ガヤ
ガヤ
こんなに見物が!?
まぁ田舎だしうちもう近所で有名だからね

A．三つ子が無事に産めるか不安だったので、生まれる前は近所の人には「双子が生まれる」とウソをついてました。

なので、三つ子がきてすごいびっくりしてました。

三つ子を連れて散歩してると見にくる人がいるくらい珍しがられました。

Q．長男の育児の時と違うなと思ったことは？

A．ひとりは楽だったなあと思います。手が2本しかないのに3人いるから、3人同時に抱っこできなくて大変でした。

ひとり育児はその子ひとりのペースに合わせればよかったのに、3人は生活ペースがバラバラでどの子に合わせるか悩みました。

自分の力が足りなくて悲しく思うこともありましたが、運命だと思って受け入れました。

こんな苦労もあるんだと驚く日々でした。

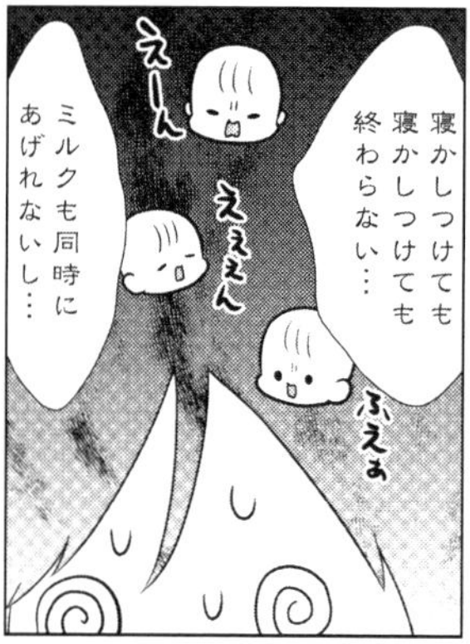
寝かしつけても寝かしつけても終わらない…
ミルクも同時にあげれないし…
えーん
えぇえん
ふえぁ

Q.白血病の疑いで入院している時、家族はどうしていましたか？

A.長男と次女は私の実家に預けてました。

家の昼の家事は家政婦さんが主にやってくれていて、お義父さんとお義母さんが長女と三女をみてくれてたようです。

ものすごく大変だったようですが、心配かけないようにしていたのか私にはあまり教えてくれませんでした（今も何があったか教えてもらえません）。

Q.退院した時の心境は？

A.すごくうれしかったです。退院してもいいといわれた日は、うれしくて眠れなかったほどです。

入院してた時、周りの人が死と隣り合わせだったのを見てたので毎日怖かったです。

でも何事もなく退院できて幸せでした。家に帰った時は「これからは自由だ！！！」とバンザイしたくなりました。

Q.三つ子を産んでから「死ぬかもしれない」と思ったことは何回ありましたか？

A.出産の時、白血病の疑いで入院した時の2回です。入院した時は体調があまり回復しなく、毎日夕方以降は高熱と震えが止まらなくて、「このままだと自分は死ぬかもしれない」と病院のベッドで思ってました。

三つ子産んだら死にかけました。

あとがき

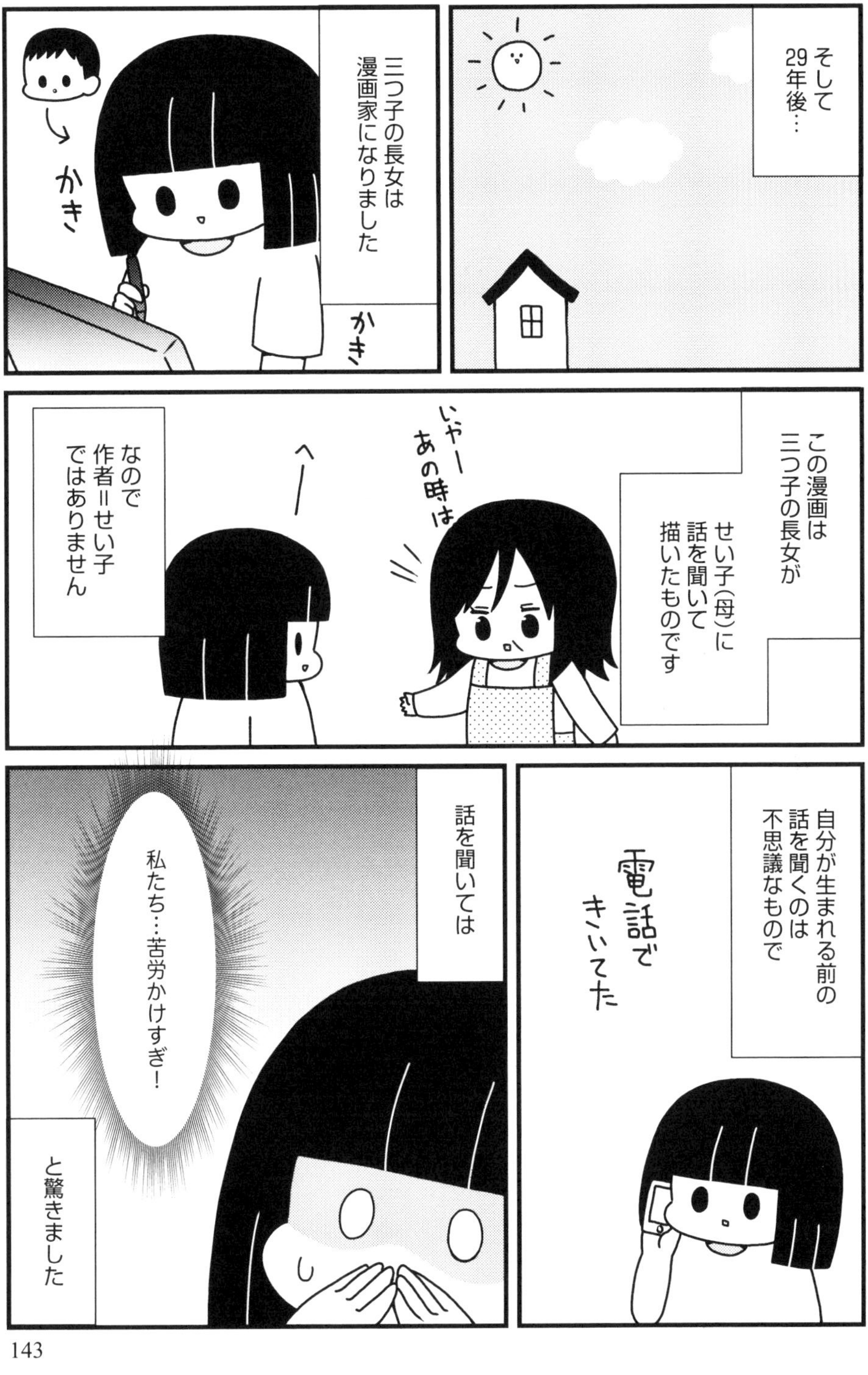

そして29年後…
三つ子の長女は漫画家になりました
かき
かき
この漫画は三つ子の長女が
せい子(母)に話を聞いて描いたものです
いやーあの時は
へー
なので作者＝せい子ではありません
自分が生まれる前の話を聞くのは不思議なもので
電話できいてた
話を聞いては
私たち…苦労かけすぎ!
と驚きました

しかし無事？に三つ子も生誕30周年を迎えることができて
わー
祝30
わー
その節目にこのような本が出せてありがたい限りです
育ててくれた母にも感謝しかありません
今も元気にくらしてます
母の豪運と体力で乗り切った三つ子の育児…
何で生き残れたの？
運
私だったら死んでたかもしれません
いやー本当よく育てたなあ…
私もそう思う
でも人生はまだまだ続く！
これからはあまり苦労かけずに生きていきたいです

あとがき

娘から『三つ子の漫画を連載することになったから当時のエピソードを教えてほしい』といわれ、30年前にタイムスリップして娘に伝えてました。

それがこのたび本にしてもらい発売されると聞き感無量です。
ありがとうございます。

私たち家族は平凡な3人家族でした。
それが思いもよらず医師から『三つ子を妊娠してますよ』と告げられ、耳を疑い衝撃をうけ夫婦で固まってしまい、それから今まで私たちからは考えられない生活をすることになりました。
本当人生ってミステリーです。

長男と三つ子育ては想像以上に大変で、家族の協力だけでなくたくさんの人たちに助けていただきました。
私はてんてこ舞いでゆとりがなくあせって生活し、子供たちに申し訳ないと反省しています。

三つ子は大きく生まれた分、大きな病気やケガもなくすくすく育ち、にぎやかで毎日祭りのようでした。
現在の三つ子はそれぞれマイペースでがんばりながら自分の人生を歩んでいます。
ドトウの日々をすごし大変な思いもしましたが、苦労の分だけ喜びもそれ以上に大きく、有意義な日々をすごすことができて感謝しています。

せい子より

三つ子産んだら死にかけました。

2018年12月20日　初版第1刷発行

著者　お肉《にく》おいしい
発行人　角谷治
発行所　株式会社ぶんか社
〒102-8405
東京都千代田区一番町29-6
電話　03-3222-5125（編集部）
03-3222-5115（出版営業部）
www.bunkasha.co.jp
印刷所　大日本印刷株式会社
装丁　AFTERGLOW

©Onikuoishii 2018 Printed in Japan
ISBN 978-4-8211-4497-6

定価はカバーに表示してあります。
乱丁・落丁の場合は小社でお取りかえいたします。
本書の無断転載・複写・上演・放送を禁じます。
また、本書のコピー、スキャン、デジタル化等の無断複製は著作権法上の例外を除き禁じられています。
本書を代行業者等の第三者に依頼してスキャンやデジタル化することは、たとえ個人や家庭内での利用であっても、著作権法上認められておりません。